JN001791

横関ハル

幻冬舎 MC

レインボー

～性同一性障害と共に生きて～

性同一性障害とは

性同一性障害（GID：Gender Identity Disorder）とは、一般的に医学的な概念であり、心の性別と身体の性別が一致していないことをいう。「身体は男性（女性）であるにもかかわらず、自分は女性（男性）だ」と認識することである。

この主な症状は、生まれた性別と認識している性別が異なることによる心理的な苦痛を当事者は感じながら生きることである。

僕は性同一性障害者の当事者である。生まれた性は女性であったにもかかわらず、男性としての心を持って生まれた（FTM：Female To Male)。

この作品はそんな僕の幼少期から手術をするまでの成長を描いた作品だ。この本には僕が経験した当時のことを赤裸々に記載している。それはこの本を購入してくださった方への精一杯の誠意を込めて作成しているためである。

どうかこの中で、あなたなりの生きる答えを見つけてもらえれば幸いだ。

目次

レインボー　～性同一性障害と共に生きて～

一、始まり　9
二、手術　11
三、新しい性と希望　20
四、最初の違和感　28
五、小さな悩み　35
六、居場所　40
七、深刻になる性差　54
八、二つの青春　76

九、夢　84
十、女として生きる　85
十一、現実　104
十二、見えない未来　118
十三、ハル　152
十四、最後に　168
たどってきた軌跡　174
※この章には、手術で摘出した臓器の画像等が含まれています。著者の人生の転機を表すものですが、閲覧にあたってはご留意ください。

一、始まり

二〇一三年十二月二十一日の今日、僕の中から新しい人格が生まれた。

僕は住宅街の一角にある小さなアパートの駐車場にいた。車のヘッドライトが遠くで光っているのが見える。

そこがあまりにも寂しくて僕は空を見上げた。真っ暗で小雨が降っている。

「恵子、よく頑張ったね」

返事なんかあるわけないのに僕はハルとなった恵子に話しかけた。それがせめてもの僕からの慰めだった。

僕の心に大きな穴が空いている。それは、もう修復なんてできないほど酷かった。

つい数分前までいたはずの目の前のアパートに視線を移す。二階の角部屋のピンク色のカーテンの隙間から光が漏れている。あそこに住む女性とはもう二度と会えないのだろう、そう思ったら恵子がかわいそうになった。だから僕は子どものように声を出して泣いた。

最愛だった女性、奈々の声が頭の中で蘇る。

「私、元彼とセックスしたの。私ね、結婚して子どもが欲しい。普通の幸せが欲しいの」

あの時、彼女はそう言って泣いていた。

男性に対して、完全な敗北を味わい、現実の残酷さに恵子は唖然とした。そして泣いている奈々を残し、アパートを出た。

無気力な体に涙が頬を伝った。恵子の人格が悲しみと共に消えていった。


恵子の生きてきた人生は願いや夢に溢れていた。それなのに、いつもそれを願うだけで何もできなかった。やがて現実を知っても夢だけはなくならなかった。

それでも、そこには絶望が隣り合わせに存在していた。だから僕には絶対に使ってはいけない言葉があった。絶対に。

あの時、彼女は敢えてその言葉を使った。恵子に希望を持たせないための、奈々が示した最後の優しさだった。

奈々の未来が僕には分かる。それはきっと、恵子が願っても手にすることのできないとても幸せな未来だろう。

僕はもう一度、空を見上げた。せめて晴れた空が良かった。春の暖かい日差しに包まれたい。

そんなささやかな願いから僕の名前は誕生した。

二、手術

肩を叩かれて、僕はゆっくりと目覚めた。裸に近い格好でストレッチャーに乗っていた。僕がいるのは薄暗い小さなリカバリー室のようだ。そこは数時間前に見た景色だった。五、六人の看護師が僕を囲みながら病室へ向かっていく。

僕の意識が戻るにつれ、寒さや痛みがゆっくりと体に伝わる。僕は無意識にうなだれていた。エレベーターが見えてきた。下腹部の痛みがはっきりと現れ始める。例えるなら、それは生理痛を何倍も強くしたような嫌な痛みだった。

今回、僕は手術を受けるために海外へ渡航していた。そのため日本語が通じない。それでも僕も医療関係で働いていたから何となくは分かる。

下腹部の痛みに顔をしかめて、僕は目が合った看護師に訴えた。

「ペイン」

声がかすれてうまく言葉にならなかった。

トイレに駆け込みたいような感覚にじっとしていられなかった。僕はかすれる声を振り絞りもう一度言った。

「ペイン」

「ペイン？　オーケー」

僕の声に気が付いてくれた看護師がそう言うと、慣れた手つきで点滴を持ってきてくれた。どんな点滴かはすぐに分かった。僕も病院で働いていた時、よく術後の患者さんに使っていたものだ。その点滴はすぐに痛みを和らげてくれた。初めて患者さんの気持ちが分かった気がした。それも病院を辞めた今となってはそんなに関係はないのだが。

ようやく痛みが落ち着き、僕は安堵した。下腹部がシクシクとするが、痛みとは別の感覚だった。病室に戻ると、看護師がチューブやモニターを付け始めた。日本も海外も使用する機器は同じだった。僕がそんなことを考えているとあっという間にその作業も終わっていた。

すると何人もいた看護師が一斉にいなくなってしまった。

急に部屋はシーンと静まり返った。僕は室内を見回してみた。窓には厚いカーテンが閉まっており、濃いオレンジ色の光が漏れていた。それだけで今が夕方であることが推測できた。

モニターと輸液ポンプのランプが光っている。

なぜか懐かしい新潟の世界が脳裏をよぎった。雪の中の道路や賑やかなショッピングモール、よく行った焼き肉屋さん。いつも隣で微笑んでくれた彼女のこと。昔は喉から手が出るくらいその世界が欲しかった。その時に感じた幸せは人生の絶頂だったかもしれない。
あの日から四年以上の月日が経っており、僕は彼女と一度も会っていない。最後に得た情報は、一年前だろうか。新潟の友達から、彼女は地元の同級生と結婚をして子どもがいると聞いた。

その当初はショックで言葉にならなかった。ただ、今は本当に良かったと思える。あの時の僕の恋は依存的で彼女を幸せにする力なんてなかった。

海外の穏やかな時間の流れが心を和ませてくれる。季節は二月だというのに僕のいる世界はとても暖かく、日が沈むのもゆっくりだった。穏やかな彼女の笑顔が浮かぶ。今日だけは彼女のことを考えて眠りに就きたい。そうしたら前に進むから……。

翌朝、目が覚めると痛みは随分と楽になっていた。術後一日目は丸一日ベッドの上で過ごすこととなっていた。とにかく退屈だった。何となく胸部から出ているチューブを見ているうちに、胸の感覚が全くないことに気が付いた。乳輪、乳頭の感覚は特に鈍く、手術を終えて数年経っても感覚は戻らない。
僕は頭の中で、ばかみたいに教会で祈る母の姿を思い浮かべた。
母は、生まれ持った性を受け入れて生きてほしいと言っていた。僕はそんな母の願いに背いてしまったのだ。母は正しいことを言っている。だから時にそれが重荷に感じる。

携帯を手にすると、僕は家族ではなく職場の人たちと連絡を取り合った。「おめでとう」幾度となない祝福のメッセージが僕に寄せられていた。僕は一人ずつに返信をした。

家族は最後まで手術について理解できなかっただろう。と、言うより、その話題についてずっと避けられてきた。

そして手術をする二カ月前に僕は新潟に帰った。家族へ話し合いを持ちかけるために。

しかし手術はもう決まっているにもかかわらず、集まった家族全員に反対をされた。話し合いというよりは説得に近かった。僕はそこで理解してもらうことはできなかった。

とどめを刺すかのように姉は最後に言った。

「将来、副作用で働けなくなって、結局一人になったとしても後悔しないの？　いつかは働けなくなって親に頼ることになるんじゃない？　こんなはずじゃなかったなんて言われても戻れないんだからね」

強い口調で言われたこの言葉に僕は何も返せなかった。姉の言うことが分からなくはない。ある雑誌で性同一性障害について取り上げている記事を目にしたことがあった。性別変更後の後遺症で悩まされている人の話だった。

その人は僕と同じように女性から男性になったＦＴＭの人だった。彼（彼女）は手術を済ませた数年後にホルモンバランスを崩し、強い倦怠感に悩まされていた。そしてついに今まで働いていた職場を退職し、以前よりも辛い生活を強いられることになってしまったのだ。

そのことを姉は言っているのだろう。甘い夢を見て現実に直面した時に生きられるのか、と問うているのだ。

それでも、もう僕の答えは決まっていた。僕はやっぱり自分の信じた道に進みたかった。

結局、話し合いは気まずい空気の中で終了した。

その翌日、僕はそのまま実家を後にした。

神奈川へ帰る時、母はいつも家の前で僕の姿が見えなくなるまで見送る。雪が降る中、僕は複雑な気持ちで車のミラーに映る母を見た。少しだけ身長が縮んだかもしれない。


性同一性障害の原因はいまだに不明である。今まで性同一性障害は三万人に一人と言われてきたが、七千人に一人ではないかとも言われるようになってきている。

診断には二名以上の精神科医の診断が必要となっている。

さらに精神科医の確定診断後、心の性別に体を合わせるための治療を開始する。

カウンセリング後に行うのがホルモン治療である。ホルモン治療は筋肉注射や内服により定期的に投与を行う必要がある。最低一年間、ホルモン治療をした後にようやく手術を受けることができる。

そして今回、僕が受けた手術は子宮卵巣摘出術と乳腺摘出術であった。それはいわゆるステージⅠの手術である。性別の変更はステージⅠの手術を行い、さらにさまざまな条件をクリアすれば可能だ。

僕は、ステージⅠの手術のみを希望した。なぜならこの手術にはキリがないからだ。手術はステージⅢまである。ステージⅢまで手術をすれば本物に近いペニスを手にすることができるのだ。

ステージⅢまで手術をした後に、インプラントを挿入すれば性行為だって可能になる。僕たちにとって、それは夢のような話だった。

今回僕が受けた手術の費用は百五十万円程度である。ステージⅡ、ステージⅢの手術もそれぞれ百五十から二百万円程度で受けられる。

当然、手術はすればするほどにリスクや合併症はとんでもなく大きくなる。

僕にはＦＴＭの光という友人がいた。光は国内で乳腺摘出術を行い、何年もホルモン治療をしていた。見た目のみの変化を望んでいるならそれだけで十分である。

しかし、子宮卵巣の摘出を行わない体に男性ホルモンを投与することは大変だと僕は思う。光の感情の変動は激しかった。僕も手術前の感情のコントロールには相当悩ませられた。それでも光はその道を望んだ。

トイレも男子トイレを使用しているようだ。公共の場で光は性別に関する質問をされても苦痛ではないらしい。

光は戸籍変更や子宮卵巣摘出術に関して、前向きな姿勢ではなかった。光は見た目の変化のみで満足をしていた。それ以上のことは大金を払ってまでの価値はないと言って光は笑っていた。それが光の価値観だった。

治療をどこまで行うのか、それはもう本人の価値観で決まる。

結局、手術には一人でバンコクまで向かった。それでも、現地でアテンダーに支えられてきたため問題はなかった。

カウンセリングの先生にヤンヒー病院を紹介してもらい、四年もかけてこの性を手に入れたのだ。今手術を終え、僕は全く後悔していない。しかし、実感もなければ喜びもないのも事実だ。

僕には先の見えない孤独と不安が目の前に立ちはだかっていた。頼る宛はどこにもない。これは家族の意見に耳を貸さなかった代償かもしれない。

「絶対に負けるなよ」

頭の中で恵子がそう言っている気がした。今の恵子はとても穏やかな世界の中にいる。「大丈夫。僕はまだ頑張れる」

もしも、両親へわがままを言えたなら、これから生きる大変な道に対して応援してほしかった。心配ではなく信じてほしかった。そうすれば僕はもっと強くなれた。

次に両親に会う時は胸を張って生きられるようになった時にしようと決めた。それまでは一人で生きたい。これが両親に対する最後のわがままだろう。

ただ、僕が強くいられたのは、幼い頃に家族から注がれた愛情があったからだ。芯の強さの源がそこにあることだけは間違いない。

術後の経過は順調だった。バンコクに来て、予定通り十日目で僕は退院した。傷口はきれいで、胸に至ってはほとんど傷跡が目立たなかった。

退院後、しばらくは腕の挙上動作ができなかったものの、日常生活に支障はほとんどなかった。手術直前、僕は今まで働いていた職場を退職した。そのため手術後の僕は一文なしの状態だった。

そんな僕に新たな悩みができた。それは書類手続きの予算だった。

僕が今までに通っていたカウンセリングの先生に最後の診断書をもらう時だった。そこで僕は合計で十万円の請求をされた。あまりにも高額な請求に不信感を抱いてしまった。診断書というものは先生によって値段を決めることができる。だからそんなものが法的に違反するはずはない。

しかしさまざまな書類を作成してもらう時も三万円、四万円、六万円と徐々に高額になっていった。

僕はそのクリニックから診断書をもらうことをやめ、別の心療内科のクリニックへ電話をかけた。ほとんどのクリニックは元の病院で診断書をもらうことを勧めた。

しかし、一度抱いた不信感を拭うことはできない。だから僕は次々と別の心療内科のクリニックに電話をかけた。

ようやく見つけたクリニックで今までの書類を見せて、たった一週間で診断書を作成してくれた。予算も一万円程度で作成してくれた。

もしも最初からこのクリニックを選んでいたならもっと早く手術を受けることができたかもしれない。

何も知らないということは愚かであるということを身をもって学んだ。

その後、すぐに僕は裁判所や市役所で戸籍変更の手続きを済ませた。

ほとんどの手続きを済ませた頃にはもう春が訪れ始めていた。ようやく僕の性別は男性に変更となったのだ。

三、新しい性と希望

四月、新しい就職先の病院で男性としての勤務が始まった。そこは僕のことを誰も知らない世界だった。

しかし、その春の日のスタートはちょっとだけ疲れていた頃だった。新しい環境は体力を使う。就職に対する憂鬱さが先だって、新しい性に対する喜びを噛みしめる余裕はなかった。現実って案外こんなものなのかもしれないと感じた。

それでも新しい男性用のスーツに袖を通してネクタイをすることは嬉しかった。鏡の前に映る僕は今まで見たことのない新しいハルに見えた。

春の散りかけた桜を見ながら僕は新しい職場へ踏み出した。

昔は男性として生きることに憧れていた。ウキウキさえしていた。しかしそれは理想でしかなかったのだ。

僕の顔立ちは女性らしさが残っていた。さらに、骨格の小ささもどうすることもできない。職場では精一杯、男らしくしようとしても内心はびびっていた。新しい環境、新しい性、新しい生活に。僕は異性、同性問わずほとんどの人と距離を置いた。

子どもの頃に想像した未来の僕はもっと男らしかったはずだ。この姿の結果は正直、誤算だった。

春のスタートは仕事で悩むことも多かったが、それだけではなかった。好きな人ができたのだ。

その人は同じ部署で働く五歳年下の看護師だった。

僕が彼女を好きになったきっかけはとても曖昧だった。何気なく通る廊下で彼女を見た時、彼女は雑用をやっていた。毎日毎日、その姿を僕は見ていた。それが意識的に探すようになっていた。

しかし当時の彼女は他の男性に恋をしていた。日に日にきれいになっていく彼女に僕はますます惹かれていった。もちろん彼女が誰かに恋をしていたことはその当時は知らなかった。

初めてアプローチしたのは彼女を好きになって数カ月後の夏だった。仕事終わりに帰るタイミングを狙って彼女に話しかけた。彼女は当時の僕を男性と思って話してくれた。それがたまらなく嬉しかった。

僕は必死だった。男として彼女とデートをしてみたかった。僕はドキドキしながら彼女へ聞いてみた。

「良かったら二人で遊ばない？」

「はい」

すぐに彼女は承諾してくれた。舞い上がりそうなくらい嬉しかった。

久しぶりにデートの約束ができたのに今度は葛藤が生まれた。僕には彼女に嘘をついて付き合うような罪悪感がつきまとっていたのだ。昔の僕の戸籍が女だったという事実は変えられない。彼女に対して隠していたいと思う反面、ありのままの僕を受け入れてほしいと願う自分がいた。結局、僕は彼女に本当のことを打ち明けられずに初デートを迎えた。好きな人とのデート、それはずっと願ってきた幸せだった。

僕は横浜の観覧車に彼女を連れていった。すっかり浮かれていた。

しかし、彼女はずっと遠くの景色を見ていた。景色を見ていると言うより、何か遠くの人を想っているようにも見えた。僕がそう感じたのは、その時彼女の横顔はとても悲しそうだったからだ。届かない人に手を伸ばしているようだった。

それでもデートはとても楽しかった。僕はこのままＦＴＭであることを隠してもっとデートがしたかった。しかし、何かから目を反らした時に感じる幸せは、一時的で、本当の幸せにはたどり着けない。

だから僕は、デートの終わりに車の中で本当のことを打ち明けた。驚かれるかと思ったら、「知ってた」と笑顔で言われてしまった。

今は名前を検索すれば、ある程度の情報が手に入る時代なのだ。彼女はたまたま僕の名前を検索した時に発見したようだ。

しかし彼女には別に好きな人がいた。だから一度、断られてしまったのだ。

彼女の前では強がっていたが、あの時は相当ショックだった。それでも僕は立ち直れた。それは、僕自身のことを理解し、支えてくれるたくさんの仲間がいたからだ。あの時、僕のために何度も話を聞いてくれて、集まってくれた仲間には感謝してもしきれないくらいだ。

ようやく僕が彼女のことを諦めかけた時に、彼女からもう一度連絡がきた。

僕は、彼女といる時間が好きだった。一緒にいて居心地のいい人だからだ。

だから僕は会った時にもう一度告白をした。顔は見なかったが彼女は静かに言ってくれた。

「うん」

こうして僕は彼女を作ることができたのだ。あの時、彼女が僕の元へ来てくれたことがとても嬉しかった。

彼女と出会った年にある女の子とも出会った。療養病棟に入所中の六歳の子だ。

僕は入職二年目で配属先が変わり、その女の子と出会えた。

とても人見知りの強い子だったが、慣れるといろいろな話をしてくれた。好きなおもちゃ、スタッフのこと、家族のこと、さまざまな話を聞かせてもらえた。

そしてその子は何気なく僕にこう言った。

「優花ちゃん、大きくなったら歩けるようになるかな？」

「…………」

言葉が出なかった。

「優花ちゃんね、歩いてこの扉を開けたい。ハル君と一緒に歩きたい」

そう言って優花ちゃんは病棟の自動扉を指さした。

「そうなんだ。優花ちゃんは歩きたいんだね」

「うん」

とても無邪気な笑顔だった。

優花ちゃんはいつもうつ伏せの体勢で一日を過ごしていた。

優花ちゃんは先天的な疾患で下半身の感覚は全くない状態で療養病棟へ来た。家族とはたまにしか会えず、将来的に歩行することは絶望的だった。

僕は優花ちゃん専用のストレッチャーを押しながら、優花ちゃんの話を聞いていた。

僕が子どもの時、ちんちんが生えてくると信じていたように優花ちゃんも大人になったら歩けると信じているのかもしれない。

僕の悩みは優花ちゃんが将来、抱える悩みに比べたらずっと小さいはずだ。健康体を持つ僕らの方が、どうしてそんな小さなことにこだわり続けるのだろう？

僕は優花ちゃんを抱っこした。優花ちゃんは笑っていた。

そして鏡に映る僕と優花ちゃんを見つめた。昔は直視できなかった僕自身が映し出されている。服を着ていても着ていなくても今はちゃんと見つめることができるのだ。

「優花ちゃんはアリエルみたいだね」

「何それ？」

「人魚姫の話だよ」

僕は優花ちゃんを抱っこしてアリエルの話をした。

「アリエルは人魚姫なんだけど人間になりたいって願っていたんだよ。歩いたり走ったり日の光を浴びて生きることを夢に見て、最後は人間になって王子様と結婚する話だよ」

「ふーん」

僕は昔、夢をかなえたアリエルに憧れていたんだよ、と心の中で優花ちゃんに言った。

いつか優花ちゃんが現実を知っても、必ず希望もあるだろう。絶望と希望はいつだって隣り合わせに存在するのだから。そこにはきっと誰も見たことのない景色があるかもしれない。

普通に生きる人よりも優花ちゃんの方がずっと輝いて見える。僕もそうやって新しい人生を歩みたい。

手術から一年半後の夏、僕は初めて母と話したいと思った。それは優花ちゃんや彼女の影響が大きい。この一年半、がむしゃらに生きて少し疲れていた。

僕は母の携帯に電話をかけた。数回のコールで母は電話に出てくれた。その時の母の声は嬉しそうだった。

「もしもしどうしたの？」

「うん、何となく。今度の連休に帰ろうと思って」

「本当？　良かった。あのね、お母さん、あんたの手術を反対したこと後悔してるんだ。神様はね、あんたが手術をすることを許していたんだよ。あんたの苦しみを知ってたから許したんだと思うよ。だから、そのことは忘れないでね。ここまで本当によく頑張ったね」

僕の顔はほころんだ。そして精一杯元気な声で言った。

「そんな気がした。きっとこの人生にも意味があるんだよ。あとさ、自分やりたいことがある。この経験を誰かに伝えたい」

「強くなったね。あんたならきっと大丈夫だよ」

「……ねえ、自分、結婚できるかな？」

僕の夢、母はそれをどう思っているのだろうか。ずっと聞きたかったことだった。

「大丈夫だよ、あんたが結婚できるようにお母さん一生懸命祈っているからね」

「うん」

ありがとうって言いたかった。

ねえ、おかあ、僕はもう大丈夫、これからも頑張れる。そう心の中で母へ言った。

そしていろいろな話をして僕は電話を切った。

あの日、僕の置かれていた状況はあまり良くなかった。現実の残酷さに僕は潰されそうだった。

それなのに胸が満たされている。僕、今なら言える。僕は横関恵子と横関ハルのことを愛している。そう思った瞬間に体の内側から心が満たされた。もう僕は依存や嫉妬には負けることはないだろう。

ようやく、この長い苦しみに終わりが来たのだ。

窓に映る光が眩しい。


僕の夢は、アリエルが人間になるように、野獣が王子様になるように、僕が男に生まれ変わり好きな人と結婚をすることだ。

四、最初の違和感

そもそも僕が性別に違和感を覚えたのはいつのことだったかというとはっきりとは分からない。それでも幼少期からの記憶にさまざまな場面でのエピソードがある。

幼稚園の時だった。僕は仮面ライダーのＴシャツを身に着けて、それを誇らし気に友達や幼稚園の先生に自慢していた。

「見て、これ買ってもらったの」

「恵子ちゃん、かっこいいね」

そう言いながらも担任の先生はなんて言ったらいいのか困ったような笑顔をこぼしていた。それでも嬉しそうに自慢する僕を見て、先生は理解をするように頷いてそれ以上は何も言わないようにしてくれた。

「大木君、見て。これお父さんが買ってくれたんだ、いいでしょ」

「いいなあ。仮面ライダーじゃん。僕も欲しい」

大木君は羨ましそうな顔をしていた。その顔を見ると僕は満足して、父の反対を押し切って買ってもらって良かったと思った。

このTシャツは日曜日に父と母と三歳と四歳上の姉たちと買い物に行った時に買ってもらったのだ。

母が僕の下着を買うために二階の下着コーナーに連れてきてくれた。そこで僕の目に留まったのはマネキンが身に着けていた仮面ライダーのTシャツだった。僕は一目でそれを気に入って父にせがんだ。姉や母は口々に反対した。

「男の子ものだからダメだよ」

「これがいい」

僕は引き下がらなかった。一度こうと決めたら絶対に貫く頑固さが僕にはあった。父も反対したが、僕の熱意に負けて買ってくれた。僕は飛び上がりながら喜んだ。その姿を見た父は笑っていた。

「恵子ちゃんって男の子みたいだよね」

いっちゃんは仮面ライダーのTシャツを自慢する僕を見て何気なく言っていた。

「そう？」

僕は特に気にすることもなく返した。

いっちゃんも他の友達も両親も男の子みたいな僕を個性として受け止めてくれた。だから僕はとても自由にのびのびと成長できた。

そんな四歳の僕には小さな疑問があった。

ちんちんはどのタイミングで生えてくるのかということだった。僕はずっと大人になったらちんちんが生えてくるものだと信じていた。

今は女という代名詞を付けられているが、ちんちんが生えれば兄たちのようになるのだと思っていた。きっと兄たちも小さい頃はそうだったのだ、と信じていた。しかし、それが来るのはいつなのだろうか、僕は不思議に思いながら自分の股間を眺めていた。

僕の幼い頃の記憶は幸福なことばかりだ。休みになれば、父や母、姉たちと必ずどこかへ出かけた。

長期の休みには旅行へ行き、親戚の家にも泊まっていた。毎日が充実していた。あの頃はとても幸せだった。

僕はそんな両親の背中を見て感じたことがある。この家に生まれて良かったと。いつまでもこんな幸せが続けばいいと願っていた。

そして、もしも僕が大人になったら同じような幸せを築ける人と結婚したいと漠然と考えていた。

この頃も今も父は、浮気もしなければ家族以外の付き合いを断り、僕たちのために時間を作ってくれた。そんな父は僕の誇りだった。僕はいつか父のようになりたかった。

幼稚園生活はよく笑っていた。いつも男女関係なく遊んでいてみんなと仲が良かった。

おままごとには父親やお兄さん役として参加をしていた。遊びの中でも僕は鬼ごっこやかくれんぼが好きだった。

時々、違うクラスの友達が来ると僕を見て笑っていた。

「恵子ちゃんって変なの。そんな遊びが好きなのは男の子だけなんだよ」

「え？」

「本当だ。恵子ちゃん変なの」

僕が一人でブロックやウルトラマンの人形で遊んでいた時、年上の女の子たちは僕を指さして笑った。

理由は分からないが嫌な気持ちになった。それから僕は家でブロック遊びやミニカー、仮面ライダーごっこで遊ぶようになった。

服装は姉のお下がりでもそこまでは気にすることもなかった。ただスカートだけは絶対に穿かずにズボンのみを選んでいた。

幼稚園の秋の出し物で『アリババと四十人の盗賊』をすることになった。

それぞれのやりたい役に挙手をする形で配役は決められた。もちろんクラス全員が主役に立候補した。

先生はあらかじめその三人を決めていたらしく、僕以外の子たちが指名された。

僕が次に立候補したのが四十人の盗賊役だった。その役に手を上げる人はいなかった。その中で僕だけが手を上げた。

「じゃあ、盗賊役をしたい人はいますか？」

「はーい」

「……恵子ちゃん、その役は男の子の役なの」

先生は困ったような笑顔で言った。

「…………」

「他に盗賊役をやりたい人はいませんか？」

僕はとても恥ずかしくなり俯いた。

この時に思った。僕には自由の制限があるということを。少なくとも今は体の性別に適した生き方をするべきなのだと幼いながらに自覚させられた。

だから僕は周りの女子に合わせてヒロイン役に立候補してみた。その役に僕が指名されて周りの女の子たちは羨ましそうにしていた。

なぜならその役の衣装が一番かわいかったからだ。

劇はつまらなかった。僕は盗賊の衣装が着たかった。とても。しかし僕が穿いているのはフリフリのスカートだった。その格好が恥ずかしくて嫌だった。

劇が終わり、盗賊役で使用した段ボールの刀をもらった。その時はすごく嬉しかった。僕はそれをおもちゃにして一人遊びをした。

僕は海賊の主人公。この刀で闘って、宝物を手に入れるんだ。僕はテーブルに上がって刀を振り回した。


僕の初恋は五歳くらいだった。当時、僕はアニメの『ゴーストスイーパーGS美神』という番組が好きだった。

理由は、その主人公がとても美人だったからだ。僕はその主人公に魅了され、アニメを見るたびに主人公の一つ一つの仕草にドキドキしていた。

大きな胸、スラッとした長い脚、キラキラした目をしていた。

そして僕は初めて空想の世界を作り上げた。空想の主人公は、僕の心を持つ男だ。そのヒロインは、アニメキャラクターの主人公。彼は空想のヒロインに似合うルックスで年も二十代だ。主人公の名前は、希望に成ると書いて成希（漢字は後に付けたもの）。僕の初恋と共に誕生したのが成希君だった。

成希はアニメキャラクターにベタ惚れだった。最初に現れた成希の世界はアニメの中だった。

成希は強くて男らしかった。

描かれる世界の中で彼女の温もりを想像した。抱きついてみたい。そして悪戯をして彼女の気を惹いてみたい。もっと触れたい。

僕は目を閉じて布団を抱いた。想像力の豊かな僕はそれだけでとても満たされた。まるで彼女を抱いているようだった。とてもドキドキする。その気持ちは僕を虜にさせた。

それは初めて経験する感覚だった。嬉しいとか楽しいとかわくわく感とも違う。ちょっと切ないのに、明るくて全ての楽しい感情が僕の心を支配する気持ち。前向きになれる不思議な強さがみなぎってきた。これに名前をつけるなら恋というのだろう。きっとこれは僕の初恋だ。

それから僕は二つの世界の中で生きた。朝は恵子の世界、夜は成希の世界。

恋は僕に快楽の世界を教えてくれるとともに「もっともっと」という強い欲求も備わってくる。

それでも僕にとって、二つの世界は新鮮でとても楽しかった。

五、小さな悩み

小学生に上がると僕を悩ませることが少しずつ増えてきた。小学校生活は小さな社会生活であった。つまりそれは性別を意識して生きなくてはいけないことを意味していた。

入学前に祖父は僕のためにランドセルを買ってくれた。ランドセル自体は嬉しかった。でも僕は赤い色が女みたいで嫌だった。僕は複雑な気持ちでそのランドセルを背負った。

最初の苦痛は入学式のスカートと男女で異なるランドセルの色だ。これは僕の自信を削られた。

僕はいまだに女であり、それを隠すことはできないようだ。その象徴がこのランドセルの色とスカートだった。恥ずかしい。僕は俯いて教室に入った。

人見知りの強い僕が小さな集団に入ることはとても怖かった。初めて僕に声をかけたのは前の席の女の子だった。

「こんにちは」

育ちの良さそうな女の子だった。僕は頭を下げるのが精一杯だった。それを見かねた母が代わりに答えてくれた。

「よろしくね」

僕が話したいのは、既に集団が形成されている男の子たちの方だった。僕の席の周りには女の子しかいなかった。とても居心地が悪くこの教室がどんよりと淀んでいるように思えた。

この時から僕は一人だった。二人組でペアを作ることやグループを作ることが何よりも苦痛だった。僕は必ずはじき出される。

初めての運動会のお弁当も僕は一人で食べていた記憶がある。

それでも家に帰れば、嫌なことはすぐに忘れられた。家族がいたからだ。僕は、いつも家族に囲まれて楽しかった。

こんな僕にいつの間にか友達ができたのは夏くらいだった。席替えをきっかけにできたグループだった。そこは男女関係なく、とても居心地が良かった。

リーダーの男の子はとてもかっこ良くてみんなに慕われていた。僕も彼が大好きで彼の服や小物を真似ることもあった。

徐々に苦痛になっていったのが水泳の授業だった。水着ほど男女の性差をはっきりと見せつけるものはない。屈辱的な格好だった。僕は本当に水着が嫌いだった。本当に。

それでも僕はそれを着て授業に出た。この時期はどの季節にも劣らず、地獄のような時間だった。

僕は隣のクラスのいっちゃんというボーイッシュな女の子と一緒にいることが多かった。

ある時、一緒に泳いでいると女性の先生の股間に目がいった。その時に、疑問が浮かんだ。なぜちんちんが生えていないのだろう？

僕は正直にいっちゃんに話した。

「いっちゃん、先生にちんちんが生えてなかったよ」

僕の疑問にいっちゃんは冷静に返した。

「当たり前じゃん。女は生えないよ」

「え？」

僕には理解できなかった。いっちゃんは僕の質問に笑っていた。僕は急に恥ずかしくなってきた。モヤモヤ感が残ったもののそれ以上の質問はいっちゃんに無知と思われるようで聞けなかった。

あの頃の僕はずっと男性器は大人になったら生えてくると信じて疑わなかった。

その一方で、成長していく中でこんな疑問が湧いていた。他の女子たちにも男性器が生えるのだろうか、と。

いっちゃんの言葉で、僕の疑問はますます増えていった。男女というのは望んだ性別へ成長するのだろうか、それが変化するのはいつなのだろうか。

ただ、子どもの考えは楽観的に流れていくものだ。僕のそんな疑問も数時間後には忘れられていた。

昼休みのチャイムが鳴ると男子は一斉に立ち上がり教室の後ろにあるソフトボールを我れ先にと取り合う。

そのボールを手にした人は一番に体育館へ向かい、後ろから続く友達の先頭に立てるのだ。その優越感はきっと気持ちがいいのだろう。先頭に立つということはその日のリーダーとなれる。リーダーになる人はとにかく目立つ。それはまるでヒーローやアニメの主人公になったような感覚かもしれない。それとも主導権を握れる王様のような気分なのだろうか。あるいはその両方だろうか。

僕もその仲間に入りたかった。リーダーじゃなくてもかまわないから、ただ男子と一緒に思いっきり走りたかった。しかしその中に入る勇気が僕にはなくいつも羨ましそうにそれを見つめていた。九歳になると担任の先生が変わった。とても若い男の先生で親しみやすかった。先生は昼休みにドッジボールを一緒にしてくれた。僕が羨ましそうに見ている姿に先生が気付いて誘ってくれたのだ。

「おいでよ」

その一言が嬉しかった。僕が参加し、他の女子たちも次々とその仲間に入った。

先生がいることで男女関係なくドッジボールに参加することができるようになった。この年の毎日は本当に楽しかった。

九歳の僕の体からは徐々に性の成長が現れはじめた。

小さな変化は胸の大きさだった。ほんの少しだけ胸が大きくなっているような気がした。シャツを着る時に違和感を覚えた。フォルムがおかしい。胸の辺りに小さな凸ができていたのだ。

僕はいつもよりダボダボの服を着て、意識的に猫背になった。そうすることで僕の胸はごまかすことができた。

もしかしたら陰毛が生え始めればちんちんは生えるのだろうか、僕は胸の大きさからは目を反らし、性の成長を僅かに喜んだ。

六、居場所

「男なら半袖半ズボン、裸足で一年中いろよ」

唐突に男子グループの仲間にそう言われた。

僕の住む新潟の冬の寒さはとにかく痛い。だからそのことを思うとかなり無理な挑戦だった。しかし僕は彼らと対等になりたくてその信念を貫くことにした。

髪型もショートから坊主に変えた。そうしていくうちに男友達は僕を男として認めてくれた。それでも十歳を迎えると深刻な問題が訪れる。男女の差がグループの編成にも影響を与え始めたのだ。

女子たちに、「どうしてそんな格好するの?」と聞かれることが増えた。僕はたいてい「お前らとは違うんだよ。女子には真似できないだろ?」と答えていた。大抵の女子は「横関だって女じゃん」と返す。僕はその言葉にコンプレックスを抱き、怒ることもあった。当時の僕は、今の体が女だとしても、いつかはちんちんが生えて男になる、そう信じていた。それを否定する人を僕は許さなかった。

やがて女子は僕が怒ることを知るようになり、男子のグループにいることも、男子の言う格好に対しても何も言わなくはなった。

しかしクラスメイトの男子からは「女は向こうに行けよ」と言われることも珍しくはない。仲間だと思っていた男子から言われることはショックで何も言えなかった。今考えれば女子ばかりにでかい態度を取る僕は小心者だった。どっちのグループにも属せない僕はやがて居場所を失うことを恐れた。

この当時、僕は伊沢君が率いるクラス一大きいグループに属していた。僕は伊沢君に好かれたくて彼の頼みは必ず聞いていた。

そんなある時、伊沢君が冗談でお金が欲しいと言ってきた。僕は仲間外れにされるのが怖くて「いいよ」と答えてしまったのだ。

「じゃあ、五百円玉ある?」

「分からない。家にあったら持ってくる」

「じゃあ今日一緒に遊ぼうよ。絶対持ってきてね」

「うん」

僕は伊沢君と遊びたくてそんな約束をしてしまった。

その後、僕は慌てて家に帰った。そして僕の貯金箱からお金を出してみた。中には十円玉と一円玉が僅かにあるのみであった。

この当時の僕にとって五百円という金額は高額だった。

僕は頭を抱えて、悩んだあげく母の財布に手を付けたのだ。この時の罪悪感は今でも鮮明に覚えている。追い込まれた罪人のような気持ちだった。僕は罪悪感に染まった心を支えるために見えない何かに向かって「ごめんなさい」と繰り返しつぶやいていた。

財布を開けた時、たくさんの小銭の中から五百円玉を一枚、抜き取った。そして逃げ出すように家を出た。

その五百円玉を伊沢君に渡すと彼はとても喜んだ。

「え、マジで。ありがとう」

「うん。貯金箱に入ってたから」

「ありがとう、セキハン（当時の僕のあだ名）はほんといい奴だよね」

それが僕のいる価値になったようで安心した。伊沢君とはスーパーやコンビニで一緒に買い物をして遊んだ。その日、伊沢君の機嫌は良くてすごく楽しかった記憶がある。

その後、家に帰るのはしんどかった。あの道のりは暗い闇の中にいるようだった。

しかし母は五百円がなくなったことなど全く気が付かなかった。一度だけの過ちで済むのならきっとこの出来事は忘れていただろう。

その日から伊沢君に渡すお金はどんどんエスカレートした。千円、三千円、五千円、一万円、二万円と金額はみるみる加速していた。

僕は母のへそくりの場所を知っていた。へそくりは滅多なことがない限りは使わない。その上、母はいくらあるのかあまり把握していないようだった。今度はそこからお金を盗み続けた。

次第に罪悪感は膨れ上がり、母にお菓子をねだることもしなくなった。そんな僕の様子を見て母は優しく言ってくれた。

「今日はいい子にしてたからこのおもちゃを買ってあげる」

普段は二百円以上のお菓子など高くて買えないと言う母が、二百五十円のおもちゃ付きお菓子を買ってくれた。僕は喜んだふりをした。罪悪感に苛まれた僕には何も欲しくないのが本音だったが。

毎週土曜日は伊沢君と遊ぶ約束をしてもらえた。そして土曜日は母の一万円をいつものように伊沢君へ渡した。

彼は何も言わずにそれを受け取ると、カードやおもちゃ、お菓子をたくさん買い、お釣りを他の友達に分け与えていた。みんなが伊沢君に群がった。

伊沢君と一番近い斉藤君には三千円、松野君は千五百円、飯田君は千円など伊沢君の基準でそれは配られた。そして僕の分はなかった。

僕は自分のお小遣いでみんなと一緒にお菓子を買ったり、映画を見たりした。

時々、斉藤君の買ったカードのお釣りをもらうことはあったが僕にとっては楽しくも何ともなかった。

そんな地獄のような日々に終わりを告げたのは突然だった。

「横関さん、ちょっといいですか?」

ある昼休みに担任の先生から誰もいない音楽室に呼び出された。

以前から怖い印象を持つ担任の先生から強いまなざしで見下ろされて、僕は目を合わせられなかった。

僕は俯いて先生と向き合うように座った。

「最近、伊沢君たちにお金をあげていませんか?」

空気感でそんなことを言われるのではないかと予測はできた。とてもストレートに先生は聞いてきた。僕は静かに頷いた。

「それはどこから盗ったのですか?」

まるで取り調べのようだった。犯罪者が警察に捕まるとこんな気持ちになるのか、と僕は思考がほとんど停止した頭の片隅でそんなことを考えていた。

僕は担任の先生に正直に答えた。

親に知られるのが本当に嫌だった。もうその金額は自分でも把握してないくらいの大金になっていたから。

ただ、その一方でほんの少しだけほっとしたのだ。もう、母の財布からお金を盗まなくて済むのだから。

担任の先生とは何度も話し合い、ついに家族にもその出来事が知られた。

家族に知られた日の帰り道、僕は遠回りをした。

いつもは通らない商店街を歩きながら、道路に飛び出すことを考えた。そして道路の脇に立ってみたものの足がすくむ。僕はまた歩き始めた。

今度は神社に目が留まった。そこの裏側にある長い階段を上り、振り返った。僕はぎりぎりの選択に迫られた。胸の鼓動が高鳴る。僕は少し前かがみになって、なるべく痛みの少ない方法で落ちることを真剣に考えた。もしも僕が一瞬の勇気を振り絞れれば、きっと、お金どころの話じゃなくなるだろう。そうなればどんなに楽だろう。

僕はそこで自分と葛藤をした。それでも恐怖で足がすくみ、結局僕は何もできずに家へ帰った記憶がある。

家へ帰った時の母の背中はとても怖かった。母は振り向きもせずに静かに言った。

「何か言うことがあるんじゃないの？」

僕は泣きながら正直に話した。

言い訳なんてさせてもらえなかった。あの時、家にお金はなく両親も必死だったのだ。これが小学校生活で一番辛い出来事だった。

それから伊沢君のグループに僕がいられなくなった。

代わりに、森君のグループに入れてもらった。森君はとてもマイペースで何だか落ち着く存在の人だった。そしてようやく僕に平和な日々が訪れた。

辛い出来事の終わりというのは、一度谷底へ落とされてようやく終結するのかもしれない。


一方でこの頃、僕はすごく幸せな出来事を経験した。

それは、笑顔がよく似合う中澤さんとの出会いだった。彼女とは秋の終わり頃に関わり始めた。

きっかけは僕の掃除場所が特別教室に変わったことだった。清掃は一年生から六年生がペアを組み、それぞれが決められたところを担当していた。

僕が新しい場所で掃除をしていると、隣の音楽室から突然、中澤さんが入ってきた。

「ほうき貸してください」

まるで太陽みたいな笑顔で入ってきた。彼女は僕の二つ上の先輩だった。

「無理だろ」

当時の班長はそう言って冷たくあしらっていた。

「ダメなの？　でも足りないんだよね」

太陽みたいな彼女の笑顔が僅かに曇った。そんな中澤さんの顔を初めて見た気がした。だから何とかしたかったのかもしれない。

僕は中澤さんに向かってまっすぐ歩いていた。何か強く惹きつけられるものがあったかのように彼女に向かった。

彼女の前にたどり着くと何も言わないで中澤さんにほうきを貸した。

一瞬、教室はシーンと静まり返った。中澤さんは少し意外そうな顔をしていた。

「ありがとう」

ほうきを受け取る時、中澤さんはいつもの笑顔に戻っていた。そして中澤さんは音楽室に戻った。僕はいいことをしたんじゃないかと心の中で舞い上がっていた。

清掃が終わり、手を洗っていたら中澤さんが僕の隣に来て手を洗った。

洗面場は他にも空いているのに僕の隣に来たことが意外で、胸の鼓動が小刻みに高鳴るのを感じた。

その瞬間、中澤さんは俯き加減の僕の顔をのぞき込んだのだ。僕は驚いて思わず彼女の方を見つめた。悪戯っぽい笑顔だった。

「どうしていつも私の目を見てくれないの？」

「…………」

僕の顔は真っ赤になっていた。

「横関さんだよね？」

僕は中澤さんから目を反らしながら頷いた。

「裸足で寒くないの？　ねえねえ、聞いてる？　私の目、見てよ」

僕は動揺を隠すため逃げるようにその場を去った。背中に中澤さんの視線を感じる。僕の失礼な態度にもかかわらず、彼女は笑っているのだ。

僕の胸の鼓動はかなり速くなっていた。だから廊下を思いっきり走った。胸の鼓動は走ったからなのか動揺なのか曖昧になったところで足を止めた。

僕は息を切らせて振り返った。たくさんの人混みの中に中澤さんがいるはずもなかった。

僕の戸惑いに彼女は薄々気付いていたのかもしれない。そして、僕もまた彼女の好意に気付いていた。

中澤さんとの恋の始まりはこうして訪れた。お互いの好意が見え隠れするこの時期ほどウキウキするものはない、僕は中澤さんに会いたくて仕方なかった。

元々、僕と中澤さんはお互いに顔見知りだった。

小学校四年目になればクラブ活動が始まる。

四月になり、その希望調査が取られた。それは第三希望まで書かされるものだった。

僕は第一希望にドッジボールクラブ、第二希望に調理クラブを書いていた。

その二つは特に人気が高かった。特に調理クラブはお菓子などを自分で作り、それを食べられるのだ。僕らにとっては夢のようなクラブで、意外にも男子に人気があった。

そして第三希望に太鼓クラブを書いた。太鼓クラブは行事の時に演奏の花を飾る。それを見るたびに憧れるものの、それ以外はひたすら太鼓の練習を続けるだけだった。

僕が入ることになったのは第三希望に書いた太鼓クラブだった。

当時仲の良かった伊沢君たちは調理クラブで、僕だけが太鼓クラブとなりげんなりした。

太鼓クラブに入って直面した壁は、叩き方をどう覚えていいのか分からないことだった。右、左、右、右……。それはまるでわけの分からない動作の丸暗記だった。そんな捉え方をしてしまっては覚えられるわけがなかった。

同時に入った友達はすぐにコツを覚えて、あっという間に演奏の仲間に入っていた。

僕は取り残され、特別練習を受けた。正直、このクラブの時間は苦痛だった。おまけに特別仲の良い友達もいなく孤立していた。僕は嫌な意味で目立ってしまった。

一方で中澤さんは僕とは対照的で大太鼓を担当していた。大太鼓は最も花のある役で、大勢いる中のたった四人だけがなれる、本当に上手な人しかできないポジションだった。

太鼓クラブに入るほとんどの人はこの大太鼓に憧れて入ってくるのだ。

その上、彼女は持ち前の明るさからみんなの人気者だった。

僕はあまり大太鼓に興味はなかったため、出会い当初の中澤さんのことも全く覚えていない。ただ言えるのは、本当に遠い存在の人だということだけだ。

僕の掃除場所が変わってから中澤さんはほとんど毎日、特別教室へやって来た。その瞬間がとても嬉しかった。

僕は会うたびに中澤さんの魅力に惹きつけられていった。そして掃除の時間が好きになった。掃除が終わると僕と中澤さんは意識的にタイミングを合わせて隣で手を洗っていた。中澤さんはそのたびに僕の顔をのぞき込んだ。

「私の目を見てよ」

中澤さんはいつもそう僕に言っていた。中澤さんのその言葉が嬉しくてわざと目を見ないこともあった。

彼女は口下手な僕に対して楽しそうにいろんなことを話してくれた。それなのに僕はいつも顔を真っ赤にさせて何も言わないで去っていった。

太鼓クラブで中澤さんの存在を知るようになってからは幸せな時間になった。

中澤さんは僕を中心に話を持ち上げようとしてくれた。一人だった僕の周りは六年生が集まり華やいだ。同級生はそんな僕を羨んで、ほんの少しだけ誇らしかった。

そして冬の終わりが近づいた。僕は中澤さんとの別れを意識し始めた。

僕は中澤さんを好きになることで自分のことを好きになっていった。ありのままを認めてもらえる喜びを彼女から学んだのだ。

僕は冬にもかかわらず半袖半ズボン、裸足姿だった。

「寒くないの？」

中澤さんは優しく声をかけてくれた。この格好は僕の男としての証だった。僕は寒いのもやせ我慢して頷いた。中澤さんはそれを見て笑っていた。

「すごいね」

僕はいつも遠くから中澤さんを探した。何度も目が合っては反らしていた。たったそれだけのことが幸せだった。

そんな風に過ごし、ついにクラブ活動も最後を迎えることとなった。

最後のクラブ活動が始まる前に太鼓クラブの四、五年生が集められた。

「今日はついに六年生にとって最後のクラブ活動になります。そこで、みなさんから六年生にお別れの言葉を言ってもらおうと思います。この中で代表を三人選んで一人ずつ感謝の言葉を言ってもらおうと思います。立候補してくれる人はいませんか？」

「はい」

僕は迷わずに手を上げた。

初めて中澤さんにほうきを貸した時のように何も見えなかった。あの時の僕は中澤さんに想いを伝えるチャンスだと思ったのだろう。周囲の目は意外な空気に包まれていたが、そんなことはどうでも良かった。

「素晴らしい。じゃあ、横関さん。他はいないのですか？」

僕以外、手を上げる人はいなかった。先生がなんとか説得をして他の二人が渋々手を上げた。最後のクラブ活動は全員が円になってお菓子を食べながら雑談をして過ごした。僕は中澤さんからは離れた場所だった。それでも目が合って嬉しかった。

最後にお別れの言葉を言う時が来た。僕たち代表者三人と六年生が向き合うように一列になった。僕は一番に言うことになった。

僕は中澤さんを正面からちゃんと見つめた。しかし、中澤さんと視線が合いそうになり僕はその目を反らしてしまった。

「こんな自分に優しく教えてくれたり、明るく話しかけてくれて本当は嬉しかったです。今までありがとうございました。卒業しても頑張ってください」

何かを伝えたいと思ったにもかかわらず、僕のメッセージはとても短かった。本当はもっと心から感謝していることを伝えたかった。それでも頭の悪い僕に人の心に届く言葉など見つかるはずもなかった。あまりにも内容のないメッセージに申し訳なくなって僕は俯いた。

「はい」

中澤さんの声だった。中澤さんだけが僕の言葉に返事をしてくれた。

僕は顔を上げた。その時に中澤さんと初めて目が合った。優しいまなざしだった。

あまりにも幸せで、目が離せなかった。ドキドキする。中澤さんの口元が徐々に緩んでいくのが分かった。僕も嬉しい時は、そんな風に頬や口元が緩む。中澤さんの心が見えた気がした。

中澤さんとちゃんと正面から目が合ったのはそれが最初で最後かもしれない。

卒業式、僕は中澤さんの制服姿に釘付けとなった。女子のスカート姿はいつだって魅力的だ。

中澤さんの真剣なまなざしで歩いて行く姿はいつもよりも大人びた表情に見えた。彼女は誰よりもきれいだった。


それから数日後、友達の森君の家から帰る途中だった。凍える寒さの街中で半ズボンを穿いていたため身を震わせながら歩いていた。

彼女の卒業後も僕はずっと中澤さんのことを考えていた。会いたくて心の中で何度も願った。すると、中澤さんが正面から現れたのだ。自転車に乗っていた。僕は自分の目を疑った。すれ違う時に目が合った。

僕は驚いて振り返った。彼女も何度も振り返りかけていた。そして彼女が自転車を止めて振り返ろうとした瞬間に僕は正面を向いた。

あの時、中澤さんが振り返ろうとしてくれたことが嬉しかった。この瞬間の幸福は今もはっきりと覚えている。それが彼女との最後の記憶だ。

こうして僕の長い一年が終わった。あの時の僕はとても幸運だった。

三十歳を迎える僕の記憶には当時の、十二歳のままの彼女が今でも微笑んでいる。

七、深刻になる性差

十歳を過ぎて、僕は僅かに陰毛の生えた股間を眺めていた。自分に納得のいく解釈を見つけようとしても、一向にちんちんは生えてこない。あの頃の僕は自分の陰核がちんちんになると思っていた。そして股間を眺めるたびに、思いっきり陰核を引っ張るようになった。痛みはそんなに感じない。他の男の子はもっと大きいのに自分のはあまりにも短すぎる。正直、焦っていた。そして、僕は体に障害があるから他の男子と違うのではないかと考えるようにもなった。

やがて、男女分かれての性教育が行われた。僕は男女別の女子の中にいた。劣等感のような恥ずかしさで僕は後ろの方で俯いていた。

男の子と女の子の裸の絵を使って性の成長は説明された。どうみても僕の体は女の子の絵の体に近い成長をたどっていた。

聞けば聞くほどに胸の中の闇を知るような気持ちになった。

そういえば小学校二年生くらいの時に友達に言われた言葉を思い出した。

「女の子にちんちんは生えないよ」

僕は女ってことなのだろうか。もしそうなら、この先も僕にはちんちんが生えないということなのだろう。

いや、本当は薄々、気付いていたことだ。だって、一向にちんちんか生える兆しなんてなかったのだから。それなら納得もできる。

ただ、僕には禁断の壁がある。このまま曖昧に生きて、いつかちんちんが生えると信じていた方がずっと楽だった。というより、そうしなければいけなかった。もしも、そんな現実を目の当たりにしたなら、僕の意思は消えてしまうのだ。

僕は初めて人の成長の限界を知った。女が男になることは絶対的にないのだ。

生理の話の時にはほとんどの内容が頭に入らなかった。何となく分かったのは今後、僕にも生理というものが来るということだけだ。

もしもそれが来てしまったら、僕は女子ということが証明されてしまう。僕が恐れたのは周囲の目だった。

「話は以上になりますけど、何か質問はありますか?」

正直、このまま終わりにしてほしくなかった。僕の求めている答えが見つからないまま終わることが許せなかった。この話が終わってしまえば、僕の成長はあの絵の女の子になってしまうのだろうか。

それでも理解もろくにできない中で質問なんてできず、僕は床を見つめた。

「はい」

その声に僕は顔を上げた。前から気になっていた村瀬だった。

「はい、村瀬さん」

「うちの母は生理がとても重い時があるんです。量も多い日みたいで。そんな時はどうしたらいいんですか？」

保健の先生は丁寧に説明をしていた。

僕は泣きそうな顔で村瀬の横顔を見た。長い睫毛にショートカットがよく似合う元気な女子だった。

彼女はこの数カ月で特に魅力的になった。ホルモンの変化なのだろう。少し丸みのある体に惹きつけられる魅力があった。

村瀬の女性的な成長を遂げている理由は、同じクラスの荻野君の存在だ。村瀬の視線で分かる。村瀬はいつだって荻野君を見ているのだ。

村瀬にも生理が来るのかと思うとドキドキした。

僕は先生が話している間、村瀬の胸やお尻を見た。

目の前のことで混乱しているにもかかわらず、僕の頭の中は村瀬の体に興味を持っていた。

性教育が終わると、女子にはナプキンが配られる。僕はそれを受け取ると、投げ込むように、散らかったロッカーの中に突っ込んだ。

そしてその授業を忘れるように僕は思いっきり走った。僕の自慢は足が速いことだ。チャイムが鳴っても教室では男子が集まって性教育を受けていた。いったい男子はどんな話をしているのだろうか？　僕がその中に入ることは許されなかった。廊下で男子が出てくるのを待つ間、僕は教室をじっと見つめていた。僕もそこにいたかった。強く願うと現実が分からなくなりそうだった。

夜、成希が現れた。成希は萩野よりもずっとバスケが上手で、身長が高くて、いつも村瀬の側にいる。成希は村瀬を夢中にさせた。

僕は布団を村瀬と思って抱いた。いつもそれに満足して眠りに就く。しかし、その日は泣きながら布団を抱いていた。胸が痛い。

僕は何かに取り残されていく。僕の心は女に変わってしまうのだろうか？　絶対に嫌だ。村瀬はいつか男と結婚する、ずっと先のことなのにその男に嫉妬をした。涙が止まらない。

生理が来たのはその授業から数カ月後の土曜日だった。家で男友達と遊びに行く準備をしていた時に股間に嫌な熱さと違和感を覚えた。さらに、自分から発せられる独特の匂い。僕は急いでトイレへ駆け込んだ。

ぞっとした。下着が真っ赤になっていたのだ。すぐにそれが生理だということが分かった。僕は下着を履き替えて、トイレットペーパーを何重にも巻き友達の家へ向かった。僕の頭の中は不安に覆われていた。変わりゆく性の成長。それを止めることはできないのだと知った。せめてもの抵抗でナプキンはつけなかった。とにかく僕は誰にも知られたくなかった。頭を抱えたのは水泳だった。突然に来た生理で、駆け込んだのは保健室だった。僕は仮病を使った。保健室に入ると優しそうな先生が迎えてくれた。

「横関さん、珍しいね。どうしたの？」

「お腹が痛いです」

「お腹？　大丈夫？」

「はい」

「次の授業は何？」

「水泳です」

僕は俯きながら言った。先生は何かを察したように僕を招き入れた。

「もしかして生理来てる？」

図星だった。しかし僕は認めたくなくて、

「生理って何ですか？」

そう言うのが精一杯だった。

「ううん、まだならいいんだけど」

先生はそれ以上何も言わないでくれた。

そして僕は水泳の授業の間は保健室のベッドで横になって過ごした。

遠くの方で女の先生の声がする。僕は保健室で人と違う時間を過ごすことに違和感を覚えながら天井を見ていた。

股間から異臭がする。不安だった。次の授業をどう過ごしたら良いのか、ずっと考えていた。

生理という現実を誰にも知られたくなかった。親や先生、同級生にも。だから生理中はナプキンも使わずそのまま放置していた。

それでもこの異臭はどうすることもできなかった。男子から臭いと言われ、距離を置かれた。辛かったものの生理とバレるよりはずっとマシだった。


好きな人ができるたびに人知れず涙を流し続けたのは十二歳の頃からだろう。これが僕の苦しみの始まりだ。僕の思春期の始まりでもある。

ちなみにその年から二十代まで僕の心が休まることは一度もなかった。

僕は相変わらずに女子が好きだった。

異性を好きになる女子たちはどんどんきれいになっていた。僕はそんな女子たちに置いていかれるような気持ちになった。

ストレートヘアにしたさらさらの髪型が女子の間で流行った。今まで目立たなかった女子がかわいく見える。

「何だよ、その髪？　カツラ？」

「違うわ」

「カツラ、カツラ」

この年は素直になれないのだ。きれいになった女子を僕たち男子はそう言って茶化していた。怒って追いかけてくる女子から逃げる時、僕たちは幸せだった。

この年はたくさん恋をした。本気になるギリギリのところに境界線を張り、傷つく前に次の恋を見つける。その繰り返しだった。「本当にそれでいいのだろうか？」と自分自身に問うほどの余裕なんてない。目を反らした恋愛は僕の慰めなのだ。

好きな人の理想になるため、僕の言動や服装はどんどん男子になっていった。

一方で、体の成長が止められないことに愕然としたのもこの年だった。胸の膨らみが今までよりもはっきりと目立ち始めたのだ。

母がブラジャーを勧めた。僕は頑なに拒否をした。

しかし、気付いたことがある。ダボダボの服を着ても、猫背になっても、限界があるのだ。

僕の着ているシャツから乳首が浮いていた。それに気付くと急に恥ずかしくなり、すごく地味なスポーツブラをつけた。

徐々に女子の背中からはブラジャーのラインが透けて見えるようになっていた。自分の背中はどうなのだろうか、と思うと不安になった。

現実から目を反らすため、僕は空想の世界をよりリアルに作り上げ、その中で生き始めた。夜の布団の中、僕の頭の中には成希という青年がいた。成希はかっこ良かった。スポーツが得意で好きな人の前でバスケの試合をするんだ。成希は充実した世界の中で笑っていた。本当は上半身裸になって思いっきりプールでも泳ぎたいんだ。

僕は自由な世界を求めて小説を書き始めた。

内容は僕に似せた主人公の性別が間違えて生まれてしまった話だ。

主人公の女の子は今の性別にとても悩んでいた。しかし、ある朝に起きると彼女は男になっていたのだ。小説の主人公は不思議に思いながらも周りに合わせて男として生活を続けた。やがて今ある性別に確信を得た主人公は以前からやりたかったことを思う存分した。

メンズ服を着ておしゃれを楽しみ、好きな女の子に声をかけて堂々と恋をする日々。部活はバスケがいい。精一杯頑張るんだ。勉強だってスマートにこなしてやる。完璧なモテ男子を僕は生きる。そんな彼の好きな女の子は村瀬に似たボーイッシュでかっこかわいい少女だ。

男としての生活と青春を書いている時、胸が弾んだ。生きられなかった僕の青春そのものなのだから。

だから休日は一日中、部屋で小説の世界と布団の中の世界を往復して過ごしていた。

小説の世界で一番、楽しかったのは性を意識した恋の描写だった。

主人公の身長、骨張った骨格、女子にはない大きな筋肉。落ち着いた精神の男性。徐々に声は低く変化を遂げていき、その魅力は女性を虜にさせる。全てが僕にはないものだった。

性は人を魅力的にさせる。そして人は性に惹かれる。小説を書いていてそのことを痛感した。


小学校高学年となると部活動が始まる。僕は陸上部の短距離選手で成績も悪くなかった。全国大会も本気で目指していた。

部活動があったから、僕は小説や成希の世界だけに籠もらずに済んだ。

僕が初めて出場した大会は県大会だった。いきなりの出場にもかかわらず、僕は百メートル競技で二位の表彰台に上がることができた。それでも僕は短距離で自分よりも速い女子がいることに驚いた。初めての大会でメダルを手にしたことは、とても誇らしいことであると同時に、僕自身を天狗にさせてしまう出来事でもあった。

僕はスポーツに夢中になった。昼は陸上に、夜は趣味の剣道にのめり込んだ。スポーツをしている瞬間だけは自分に胸を張れた。

当時の僕は上を目指すことに夢中だった。だから、スポーツの不得意な同級生がどこの部に所属するかなんて記憶にもなかった。話をする相手も選んでしまうほど僕は調子に乗っていた。

十二歳になると、体に柔軟性のない僕は怪我に悩まされた。成績はみるみるうちに下降した。自分が注目されなくなって、ようやく自分の愚かさに気が付いた。

陸上部には山本君という男子がいた。彼は唯一、僕よりも足の速い男子だった。

山本君は小学校高学年になり、突然に目立ち始めた。全校朝会で歌う曲で、山本君がドラムを担当したからだ。その姿を見たほとんどの人は山本君に憧れた。その上、山本君は陸上部のエースで学年で最も足が速かったのだ。

僕は陸上部つながりから、それなりに山本君と仲が良かった。彼は面白くていつも僕や女子たちを笑わせてくれた。モテないわけがなかった。

僕は山本君の腕の血管やゴツゴツした大きな手が好きだった。腕だけでもかっこいいと思うこともあるのだなと気付いた。

女子の抱く感情とは違っていたが、僕自身も彼に惚れていた。男が男に憧れるとはこんな気持ちなのだろう。

ある給食の時間に僕は、山本君と早食い競争をした。その日の給食はカレーで、全部食べないとお代わりができなかった。僕と山本君はどうしてもカレーのお代わりがしたくて必死にご飯を食べていた。

そして僕と山本君は同時に食べ終わり、カレーのお玉を取り合った。

「横関、俺が先だよ」

「ダメダメ、これだけは譲れないし」

僕たちは笑いながら取り合っていた。そのやりとりを見かねた先生が怒鳴った。

「二人とも行儀が悪いです。そんな食べ方をするならお代わりはさせません」

僕たちは怒られた上、お代わりができないことで落ち込んで席に戻った。

席に戻った時、僕だけが担任の先生に呼ばれた。

「横関さん、あなた女の子なんだからそんなご飯の食べ方をしてはいけません」

「え？」

「お椀を持ってかき込んで。女の子がそんな風に食べたらどう思います？」

僕は納得できなかった。怖い先生であってもその言葉だけは許せなかった。

「何で自分だけなんですか？」

「山本君とあなたは違うんですよ」

「…………」

「とにかく、そんな食べ方はしてはいけません。行儀が悪いです。見ていてかっこ悪い」

「……はい」

「話は以上です。お代わりがしたいならどうぞ自由にしてください」

僕は簡単に打ちのめされた。悔しくて、恥ずかしくて、納得のいかないことだった。もうお代わりをする気にはなれなかった。

今になれば先生の言いたいことが分かる。ご飯の食べ方は重要であり、人間性が評価される仕草の一つとなるのだから。

ただ、僕は女の子としての生き方なんて望んでいない。その現実を強調し注意されることは酷だった。


小学校の高学年、音楽の授業が嫌いになった。特に合唱は女性と男性のパートが存在する。僕は、どんなに頑張っても男性の声のようにはならなかった。声なんて普段は気にならない。ただ、合唱をする時には自分自身を思い知る。なんて中途半端な声なのだろう。

「横関さん、もっと声出しなさい。聞こえないよ」

僕はそうやっていつも叱られた。

コンプレックスを他人に見せたくないと思うほど、なぜか目立ってしまう。

ある時、音楽の先生は全員を立たせてから校歌を歌わせて、声の出る人から順番に座らせるやり方を始めた。僕はいつも最後まで立たされた。その時間は憂鬱だった。好きな女子にかっこ悪いところを見られる、胸が締め付けられそうだった。

小学校の大きなイベントの一つである修学旅行が近づいた。

僕を悩ませる難関の問題はお風呂だった。女子に自分の体を見せることが拷問だった。男子の前で裸になった方がまだ良かった。家族に相談をしたもののあまりいい解決策は見つからなかった。

修学旅行当日、先生に無理矢理組まされた女グループで行動した。最初は拗ねていたものの女子といるのも意外に楽しくて溶け込んでいた。話のネタは男子よりもずっと豊富で会話が尽きることがなかった。それがちょっとだけ新鮮だった。

楽しい時間を過ごす一方で、お風呂の時間が近づくたびに憂鬱な気持ちになった。ご飯を食べ終えて、お風呂の時間が来た。しかし、あまりに悩み過ぎたのか直前で本当に胃が痛くなったのだ。ラッキーだった。そのため修学旅行でお風呂には入らなかった。

ほっとした一方でほんの少しだけ残念な気がした。

矛盾しているようだが、できるのなら普通にみんなと同じことをして共有したかったのだ。お風呂に入る時だって本当はもっと楽しいはずなのだと思えたから。

お風呂場から友達の笑い声が聞こえるのに、僕だけが布団の中にいた。その事実だけが僕を孤独にさせた。本音を言うなら、村瀬の裸を見てみたかった。

秋が来てマラソンの授業が始まった。小学校のマラソンは千五百メートルを走る。

僕は、短距離は得意だ。ただ、長距離となるととても遅い。

僕とは対照的にバスケ部の村瀬は持久力に強く、いつも上位に入っていた。僕は異性として意識する村瀬に負けることが悔しかった。

毎回、僕が必死に走っても村瀬の脚力の強さには届かない。いつも中盤になれば村瀬は風のように僕を追い抜く。それは僕のプライドが許さないのだ。欲張りかもしれないが、僕は好きな女子よりもいつも強くありたい。

あるマラソンの練習で、村瀬がいつものように僕を抜いた。その日は特に負けたくなかった。僕は跳ね上がった心臓に鞭を打ち、村瀬の後ろにぴったりと着いた。

村瀬のペースは一気に加速する。それでも僕は村瀬の後ろを離れたくなかった。

ラスト四百メートルになると僕の心拍は限界に達し、息をするのも苦しくなった。臀部から下肢にかけて強い疲労感と痺れがじわじわと伝わる。

村瀬は力強い走りで遠くに行ってしまった。僕はみるみる置いていかれてしまった。もう村瀬は見えなかった。

ようやくゴールをする頃には心臓は痛かった。息が苦しく崩れるように四つん這いになった。

「大丈夫?」

村瀬だった。

僕は答える余裕もなく、弾む息で頷いた。

「ほら、座りな」

僕は言われるままあぐらをかき俯く。

僕と村瀬は同じ距離を走ったはずなのに、村瀬の方が元気で呼吸も乱れていなかった。

村瀬がしゃがみ込み僕の背中をさすった。村瀬の優しさが背中に伝わる。僕は、嬉しくて、どうしていいのかも分からずに固まった。その数分間は幸せな時間だった。

「横関、かなり無理してたでしょ？　あたしの後ろで走ってる時、すごい息が上がってたよ」

「ほんと、死ぬかと思ったわ」

僕は複雑な気持ちで笑顔を作る。村瀬の大きな瞳に僕は吸い寄せられそうになった。

「途中、心配だったよ」

「マジで？」

「当たり前でしょ？」

大人びた同級生のまなざし。村瀬はどんどん魅力的になっていく。

僕は村瀬から目を背けた。それでも村瀬は黙って僕の背中をさすり続けた。


ある日、事件が起きた。昼休みももうすぐ終わりそうな時間だった。クラスの大半の生徒は教室でそれぞれ友達と雑談をして過ごしていた。僕も男子と一緒にかわいい女子をからかいながら過ごしていた。

突然、教室のざわつきに勝る大きな怒鳴り声が廊下から響いた。

「てめぇ」

それは海老沢の声だった。クラスはその声に好奇心を煽られてはしゃいだ。そして声につられてみんなが教室から男子トイレの前に集まる。

そこで海老沢が一方的に萩野を殴っていた。体格のいい海老沢は一度キレると誰も手が付けられない。

僕と向き合うように人混みの中心に村瀬がいた。萩野の姿をずっと見ていた。村瀬が言った。

「海老沢、いい加減にしろよ」

「あ?」

海老沢の殺意の籠もった目が村瀬に向けられた。

腫れぼったく鋭い眼光だった。だから余計に迫力がある。村瀬じゃない僕でも怖いと思った。

しかし、もう萩野の負けは一目瞭然だった。海老沢もそれに満足したようだった。そして萩野に興味がなくなりその場を去ろうとした。

しかし、プライドを傷つけられた萩野が海老沢に反撃をしたのだ。弱々しいパンチが海老沢の肩に当たる。萩野はとっさにまずいと思い、場違いな笑顔を作った。

海老沢にダメージなどあるわけがない。

海老沢の顔が真っ赤になった。そして萩野の足を蹴り込んだ。萩野は太ももを押さえて苦笑いしている。

僕は当時、海老沢と仲が良く同じクラスになってから一緒に遊ぶことも多かった。だから僕は海老沢にかけ寄り両肩を押さえた。

「おい、海老沢。マジやめろって」

「どけっ」

殴られる、そう思って身構えた。しかし、海老沢は僕を殴らなかった。

「こいつが悪いんだよ。どけっ。マジで殺す」

「やめろって。先生来るよ」

海老沢の鋭い瞳孔がぶつかり、僕も睨み返した。視線の先に村瀬がいた。好奇心の目で僕を見ていた。

「てめぇ、邪魔なんだよ」

声のトーンが低く、興奮した時よりも怖かった。

これだけたくさんの人がいるのに僕は一人でその恐怖を感じている気がした。何があっても僕を助ける人はここにはいないだろう。

それでも僕は男としてありたかった。だから目を反らさずに海老沢を見返した。

「うっせぇよ」

「あ?」

海老沢の口が歪む。まずい、僕は腹筋に力を入れた。

もう一人の僕が興奮している。まるでこの状況を楽しんでいるような感覚だった。

男子と本気でやり合ってみたい。恐怖よりも好奇心が勝っていた。村瀬が見守ってくれるのなら僕は闘える気がした。

しかし海老沢は何もしなかった。僕たちはただ睨み合っていた。

「海老沢君、やめなさい」

遠くから男の先生が数人で来た。海老沢はあっさり取り押さえられて、どこかに連れていかれた。

萩野は泣きそうな笑顔を作っていた。泣かないこと、それが男としての精一杯のプライドなのだろう。

僕は村瀬を探した。村瀬は萩野のことを見ていた。今にも駆け寄りたそうな顔をしている。行き場を失った興奮が虚しさに変わった。

「横関さん大丈夫でした？」

女の先生が僕を心配そうに見る。それはまるでか弱い女子を見るような目だった。僕は聞こえないふりをして教室へ戻った。虚しさと悔しさだけが残った。

その数日後、僕は海老沢と一緒に帰る時に言われた。

「あの時、セキハンが男だったらマジで殴ってたよ」

「だから殴ってこなかったの？」

「当たり前だろ。俺でも女には手を出さないよ」

その言葉がとても悔しかった。あの時はめちゃくちゃ怖かったのに、殴られたかった。いっそボコボコに殴られてしまいたかった。これはあんまり理解されないかもしれない。それでも僕が男だったら殴り合いたい時だってあるはずだ。

それが村瀬の前だったならなおさらやめたくはなかった。


学年が上がるにつれて僕の悩みは増える一方だった。

今度は小学校最後のイベントである制服問題が起きた。僕の学校は卒業式に中学校で着る制服で出席するのだ。僕は家族にスカートを穿きたくないと言い続けた。

「中学校はどうするの?」

家族から何度もそう聞かれた。僕はズボンがいいと言い続けた。少なくとも僕を「かっこいい」と言ってくれる女子がいるのだから、僕はせめて見た目だけでも男として生きたいと思っていた。

しかし、姉は普通にしてほしいと言った。姉は僕と入れ替わりで中学を卒業する。姉が嫌だったのは自分の後輩に風変わりな妹がいると思われることだったのだ。

散々もめたあげく卒業式には男性の制服を着ることができた。その制服を母は近所の知り合いから借りてきたと言っていた。

卒業式当日。僕はウキウキした気持ちで目が覚めた。ブレザーを着ることが嬉しかった。袖を通して鏡の前に立つ時に村瀬の顔が浮かんだ。早く会いたかった。

学校へ登校する時はとてもドキドキした。なぜならみんなの反応が気になって仕方なかったからだ。

僕はいろいろなことを想像した。シーンと静まり返ってしまったらどうしよう。案外、賑やかな中で気付かれないだろうか。僕はそわそわしていた。

教室へ着くと、みんなが一斉に僕に注目した。僕はばかにされるような気がして少し俯いた。

「かっこいい」

クラスメイトの女子たちがそう言って集まってくれた。ちょっとだけ意外な反応に僕はほっとした。

村瀬が来た。

「えっ、ちょっと何それ？」

「何って制服だよ」

僕の顔はいつも村瀬の前になると緩んだ笑顔になる。

「違うよ。あんた、それで中学校入学するの？」

「いや、違うけど」

「ちょっと、男みたいじゃん」

僕は嬉しかった。村瀬と話せて。そして、村瀬の制服はとてもかわいかった。そんなこと言えないが。

「あたし、横関のスカートの方が見たかったわ」

「うるせえよ」

担任の先生が来た。

「横関さん、おはよう。誰かと思いましたよ。かっこいいですね」

先生は笑っていた。僕も笑っていた。好きな格好をできることがこんなにも幸せなことだとは思わなかった。

散々悩んでいた卒業式には胸を張って出席をした。この日はカメラの持参を許され、たくさんの友人や先生と写真を撮った。もちろん村瀬とも。小学校の卒業式は本当に楽しかった。


卒業式が終わり、僕たちは自動的に中学校へ上がった。

僕は変に目立ちたくなくて悩んだあげく、スカートを穿いた。中学校生活を送る僕たちの暗黙のルールは「普通」でいることなのだ。僕にとっての「普通」とは、体の性別に合った生き方をすることなのだ。いつかは向き合わなくてはいけない課題であることは知っていた。僕は少しずつ「普通」になることを決めた。

卒業式とは対象的に中学校の入学式は苦痛だった。スカートで登校する時、僕はずっと俯いていた。

もう一つの問題。それは友達だった。女として生きるには女友達が必要だった。

当時、僕の友達は海老沢だった。

彼といる時、両親はとても心配していた。僕にはその心配がウザかった。それから僕は両親と少しずつ距離を置いていた。

しかし、今後スカートを穿いて、海老沢と歩くことに抵抗があった。だから僕は前から僕を誘ってくれていた、神部さんや田川さんのいるグループに入ることにした。

十三歳の春、僕は陸上部に入部した。神部さんや田川さんもいたから余計に絆が深まった。特にその時の神部さんの存在は大きかった。当時の僕は家に帰ることに嫌気がさしていた。なぜかは分からない。とにかく居心地が悪かった。思春期特有のものかもしれない。

僕は毎晩、遅くまで夜の町を彷徨い、大きな書店で朝から夜遅くまで過ごした。時には夜の日本海沿いを歩いた。不気味だったが家にいるよりはマシだった。そんな中で神部さんは僕の話を親身に聞いてくれた。

「行くところがないのなら家においでよ」

彼女は僕を家に招待してくれた。そこは居心地が良かった。温かい家庭で隠し事もないのにお互いのプライバシーには干渉しなかった。そんな家庭が当時の僕には羨ましかった。

あの頃、僕の日記を父に読まれたことがあった。それ以来、僕は完全に両親に心を閉ざしていたのだ。

八、二つの青春

「よこせき」

突然、他校の知らない女の子が僕に向かって手を振ってくれた。

当時十四歳の僕は陸上競技部に属していた。

春のシーズンになると記録会という試合のようなことが毎週土曜日に行われる。そのため他校の人との交流は深かった。

僕は名前を呼んでくれた彼女も競技で関わった人の一人だろうと思い、作り笑顔で手を振り返した。「誰だっけ?」僕は必死に記憶をたどってみたが思い出せないままだった。

その数週間後、市の大会の終わりに「よこせき」と呼ばれ僕は振り返った。この間、手を振ってくれた女の子だった。僕はいかにも知っている人のようになりすまして手を振り返した。たまたま隣にいた同級生の友達がにやにやして僕を見ていた。

「あの子、横関のファンだよ」

「ファン？」

僕は思わず聞き返してしまった。

その当時、僕の学校には山本君というルックスが良い短距離のエースがいた。他校の女子はみんな彼に注目していた。だから僕をかっこいいと言った彼女のことがとても意外だった。

「ずっと前から横関のことをかっこいいねって言ってたよ。私と話す時も横関が通るとバーって横関の方に走って行っちゃってたんだよ」

田川さんは笑いながら話していた。そんなことがあったとは気付かなかった。

「田川さんと仲いいの？　え？　じゃあ、高飛びの子？」

「そうだよ、ゆうちゃんって呼んであげて。絶対喜ぶよ」

「いや、話したことないし」

「でもすごい横関のこと好きだよ」

僕は手を振ってくれたゆうちゃんという女の子の背中を見た。急に彼女に対する好奇心が湧き、何でもいいから彼女と話がしたくなった。

ファンという響きがこんなにも心地の良いものなのだということを初めて知った。

その夜、心の中に存在する成希が現れた。僕は恵子として生きていた時間をリピートした。

その主人公は成希だ。ゆうちゃんが成希に手を振っていた。成希は笑顔で手を振り返した。成希はゆうちゃんが気になり始め、声をかけた。そして、連絡先を聞いた。

朝が来た。恵子が起きる。「男だったらどんなに良かっただろう」僕は何万回も考えた。自分のことを愛せない分、他人から愛を求めるようになった。考えることは、どうすれば人に愛されるだろうか、ということだった。

僕は中性的なバランスを保ちながらルックスを磨いた。頭のいい男になればモテるだろうか、おしゃれをすればゆうちゃんはもっと「かっこいい」と思うだろうか？　その繰り返しだった。ゆうちゃんは会うたびに手を振ってくれた。少しだけ話すようにもなった。とても明るくていい子だった。彼女の笑顔に僕はみるみる惹かれていった。本当はたくさん話したかったのに、恥ずかしくて素っ気ない態度をとることも珍しくなかった。

夜になれば成希が現れる。彼はゆうちゃんとデートをして、付き合うようになる。僕は目を閉じてゆうちゃんとセックスすることを想像した。どんな風に服は脱がすのだろう、触れてみたい。僕は空想の中でゆうちゃんの顔を思い出した。

途中で何度か現実に引き戻されることがある。

「これは現実じゃない」

頭のどこかで恵子が冷静に何度も警告していた。早いうちに成希を消さなければ、永遠に現実と向き合うことができなくなるような気がしていたのだ。

それでも僕はやめることができなかった。きっと成希にとっての初体験はゆうちゃんだったかもしれない。

やがてシーズンは過ぎ、彼女と会う回数が激減した。秋が来れば数カ月に一回、すれ違う程度だった。やがて彼女が僕に手を振ることもなくなった。

僕はそれでも三年目の夏が過ぎるまで彼女を想っていた。

中学三年目になり、こんな疑問が浮かんだ。僕は本当に性別に適した自分を受け入れ、男を好きになる日が来るのだろうか、と。努力しなければそのまま成長するのではないだろうか、成希が現れなくなる日が来るのだろうか、僕は結婚できるのだろうか……。

さまざまな疑問が浮かんではその答えが宙を舞った。考えた末、僕は女として生きるためにマインドコントロールを始めた。恋愛対象が男となれば、僕は生まれ変われるような気がした。そして、女友達の彩香に恋の相談をしてみた。

僕の昼休みの過ごし方はベランダに出て手すりに寄りかかりながらグラウンドを見下ろすことだった。その隣によく彩香がいてくれた。天気のいい日は心地よい風が吹いていて疲れも癒やされた。

「好きな人できたかも」

僕は唐突にそう言った。グラウンドでは男子がサッカーをしている。

「え、誰？」

彼女は興味津々に聞いた。当時の僕はレズビアンではないかと噂されていた。とにかく僕は普通になりたかった。みんなにとっての普通とは、女として生きること。それが精一杯のプライドなのだ。

ゆうちゃんの顔が浮かぶ。僕はそれを消すように別の男子の顔を思い浮かべた。そして、なるべく普通を装うように言った。

「同じ塾に通う木村君。身長が高くて頭も良くてかっこいいんだ」

「えー顔みたい。どこの学校？」

「三中だよ」

僕は好きでもない男の名前を適当に言っていた。

「あー三中に行って会いたいな」

「横関も女だね。気になるなあ、横関の好きな人」

僕は姉が好きな人ができた時に言う台詞を真似て言った。木村君を選んだ理由は単純にゆうちゃんと同じ学校にいるというだけだった。

彩香は少しお節介だった。わざわざ木村君の連絡先を共通の友達から聞き出し、メールのやりとりを始めたのだ。その内容を必ず教えてくれた。僕は心の片隅で、本当に好きだったら彩香の行動をどう思っただろうかと思った。

僕は夜、成希を封印して恵子と木村君を出してみた。僕は木村君のことを何度も考えてみた。好きだと何度も自分に言い聞かせてみた。たくさん木村君のことを考えてみた。

彩香が木村君とメールをするうちについに、セックスをしたいと言われたらしい。ちゃんと断ったと言っていたが、実際は分からない。

それでも木村君に対する感情は一ミリも恋に変わることはなかったためどうでも良かった。普通の女の子はそんなことがあったら嫉妬するのだろうか、と考えた。


秋の休みの時だった。彩香が家を飛び出したのだ。そのことが分かったのはその夜に僕が家に帰宅した時だった。

玄関に彩香の母親が立っていた。表情で怒っていることが分かった。その日、両親は旅行へ出かけており、姉たちも家にはいなかった。僕は家に誰もいないため二十一時過ぎに帰った。

「うちの子どこ？」

その言葉に僕はついに家を出てしまったのかと思った。

以前から彩香は自分の母が浮気をしていると言っていた。その時の彩香の顔は異常だった。怒りや嫉妬、憎しみが表情に現れていた。愛情不足も感じており、その愛情が赤の他人に向けられることが彩香を狂わせたのかもしれない。

さらに進学を前に最近は喧嘩が絶えなかったらしい。家出も考えていると言っていたが本当にするとは思わなかった。


僕には彩香がどこにいるか予想できた。

彼女の好きな人は先生だった。彼女の行動は大胆で先生も満更ではなさそうだった。先生と彩香が何度か二人で会っていることも知っていた。

僕は彩香の母親と手分けをして町中を探した。彩香の母親は泣きそうな顔をしていた。彩香の母親は父親ともうまくいっていなかったらしい。だから誰にも相談もできず、僕だけを頼ってくれた。彩香のことを配慮した上で警察には言わないようにしてくれていた。それを見ていると彩香の母親は彩香が言うような人ではないような気がした。

しかし、どんなに探しても彩香が見つかるわけはなかった。だから、僕は家に帰り先生に電話をした。

「はい」

「もしもし？」

「どうした？」

「彩香知りませんか？　家出したらしくてどこにもいないんです」

「おう、ちょっと待って」

呑気な声にやっぱり、と思った。

「もしもし？」

彩香の声だった。僕は思わず電話越しに説教をした。自分でも驚くくらい感情的になっていた。

ようやく彩香が見つかったのは二十二時半過ぎだった。

あの時、先生とは何もなかったみたいだった。先生はドライブをしながら悩みを聞いてくれていたみたいだった。彩香の恋愛は楽しそうだった。それが僕を無意識に嫉妬させたのかもしれない。

それから彩香は僕に心を開いてくれた。その一方で僕は彼女にうんざりしていた。

「横関はいいよね。かないそうな恋をして。あたしなんて先生が好きだからかなわないよ」

彼女は悪びれもせず何度も言い始めた。その当時、彼女の冗談だと受け取れば良かったのに、そう受け取るほどの心の余裕がなかった。僕は心の中で「男を好きなだけマシだよ」と何度か彩香に突っ込んだ。

徐々に彼女の言動に嫌気がさして、つい他の女友達に愚痴ってしまった。それが彼女の耳に入り激怒された。

僕は木村君とのメールのやりとりが嫌だったと適当に理由をつけて距離を置いた。女友達ほど面倒くさいものはないとこの時に思った。

結局、僕が好きになったのは女の子だった。成希の存在は必要不可欠だった。この現実から目を反らさなければ、心のバランスは保てそうになかったからだ。

時々思う。普通の女子はどんな悩みを持つのだろうか。こんな風にもう一人の自分を作り出して生きることはあるのだろうか、と。

僕の青春は恵子と成希の世界を交互に生きることで成り立った。

九、夢

僕には夢があった。社長になる、総理大臣になる、アイドルになる、平凡な幸せを掴むなど、そんなはっきりした夢ではなかった。

きっかけは十五歳。秋から冬にかけての季節だった。僕は受験勉強の息抜きで、家にあるビデオを見た。随分昔に録画した『リトルマーメイド』や『美女と野獣』だった。

僕はそれを見ながら胸を絞め付ける痛みと同時に、熱い胸の鼓動を感じた。

アリエルが人間になって王子様と結婚するシーンは本当に羨ましかった。人間になりたいと願った人魚姫が夢をかなえたのだ。それは僕の願いだった。

野獣が変身してベルの前に現れる姿は僕の胸を熱くした。僕もいつか生まれ変わりたかった。

僕の夢はそんな曖昧なものだった。願いをかなえてくれる魔法使いはこの世にはいない。

絶望的な夢を抱き、僕は膝を抱えて俯いていた。絶対にかなわない、それでもこれが僕の夢だった。心の底から願う夢なのだ。

十、女として生きる

十六歳、僕は高校生になった。中学校時代は勉強が好きだったため、進学校に入学することができた。その学校は私服校であったが、僕はレディースの服を着ることにした。

進学校には僕よりも成績のいい人が大勢いた。急に僕は落ちこぼれになった。

この年齢は精神と能力のバランスが最も不安定な時期だった。言い訳になるかもしれないが、僕は勉強に集中できるほど精神に余裕のない時期でもあった。

男女の差は体つきではっきりと分かれていた。

成長を迎えた男子の体は僕の手の届かない存在だった。ひしひしと心の限界を感じていた。

カップル、青春、夢。とても羨ましかった。この年の日々、僕という存在を見失っていた。

そして一番怖いと思った言葉が生まれた。それは「セックス」だった。

好きな人に対する思いは地獄のような苦しみに変わっていた。もしも好きな人が男とセックスをしたことを知ってしまったら、心が崩壊することは目に見えていた。

そんなこと、絶対にあってはならなかった。絶対に。

高校生活での成績はとにかく酷かった。赤点は当たり前で、先生も僕の進学に関しては諦めていた。しかし僕は毎日机に向かうことをやめなかった。苦痛にしか感じない勉強でも中学校時代は本当に好きだった。

進学校に入学してから毎日いくつも課題が出ていた。授業では全員が指名された。その時に問題に答えられない生徒には先生の冷たい言葉が待っていた。それが僕の勉強に対する自信とやる気をますます奪った。

僕の通う高校には水泳の授業があった。水着を着て、好きな人の前に立つ時の気持ちははっきりと覚えている。

一方で、周りの女子は男子の目を気にしていた。その中で僕は俯いていた。あの当時、僕に胸を張れるものなんて何もなかった。

「石井君に見られたくないんだけど」

「つうか、男子と一緒に水泳の授業とかあり得なくない？」

「マジでこの年でスクール水着とかないだろ」

女子は口々にそう言っていた。僕なんて眼中にないことは知っていた。

「大丈夫。僕のことなんか見ていない」

何度も自分に言い聞かせた。

水着は体のラインを隠すことができない。浮き彫りになる胸、股間のVライン。見るほどにぞっとした。男子の目なんてどうでも良かった。眼中になくても女子の視界に入っていることが嫌だった。消えたい、何度も何度も思った。

僕は冷静になろうと、男子の方を見た。立っているのもだるそうな男子、おちゃらける男子、黙々と言われたことをこなす男子、いろんな人が集まる中で成希がいる。彼の体格は石井君みたいに程良い筋肉が付いていて、当然のようにあの中にいる。時々、女子に視線を向けて思うのかな。

「女子っていいよな」

男子と誰のスタイルが魅力的か話したりして、後で女子に嫌な顔をされる。普通の男子の日常。

僕の生きたかった世界があんなに近くにあるのに、届かない。

笛の音が響く。その音と共に成希が消える。次の笛の音で僕の泳ぐ番が来る。憂鬱だ。

毎日がギリギリの精神の中で生きていくうちに息が詰まり始めた。僕は授業中、いつも窓から外の景色を眺めて、飛び出してみたいと思っていた。海でのんびり過ごしてみたいと漠然と考える日々が続いた。

その願いがかなったのは十六歳の秋だった。

ついに僕は学校を抜け出したのだ。

校門を誰にも見つからないように抜け、裏道に隠してある自転車にまたがった。その日の秋風は夏の余韻を残しており、まだまだ暑かった。

僕は、振り向きもせずにペダルを漕いだ。静かな田舎の町並みの中を自転車で駆け抜け、僕は海へ向かった。

学校を抜け出したのはある先生の心ない一言がきっかけだった。その日、突然、沙織からメールが来た。僕の悪口を先生が言っている、と。それは人格を否定するような言葉だった。

怒りは頂点になり、僕は先生の元に行こうとした。周りの友人が面白くはやし立てた。しかし、ある男子が廊下で僕に冷たく言った。「ばかがいると困るよ」と。その言葉は正直堪えた。僕はこんな人間になりたかったわけじゃない。そして急に現実から逃げたくなった。

だから僕は踵を返し、校門へ向かったのだった。

現実逃避の果てに掴んだ自由。開放的というよりは心に何か引っかかるものがあった。青空の下に海が広がり、僕は思いっきり寝そべって空を眺めた。波の音、心地よい砂の温度。広い空を眺めて、僕は退学をすることを考えていた。

しばらくすると、三歳くらいの女の子と若いお母さんが歩いてきた。子どもが砂をいじっている。お母さんもしゃがみ込み何かを話している。その光景が何だか懐かしかった。

無性にあの女の子のことが羨ましく感じた。きっとそれは温かく見守るお母さんの存在だ。さっきからずっと僕には孤独がつきまとっていた。自由になるってこんな気持ちなのだと知った。何もない田舎で、未成年の僕に行くところはなかった。だから僕は結局、家へ帰った。

その後、学校で僕は反省文を書かされて、担任には呆れられた。いっそ退学にしてくれれば良かったのにと心底思った。

こうしてまた息苦しい日常が始まった。

十七歳の春に僕は出会い系サイトを利用したことがある。名前は「成希」、男性として登録をした。

出会い系サイトを利用しているにもかかわらず、会うつもりは全くなかった。利用目的は、退屈な日常の中での暇つぶし。僕はそれを通してさまざまな女の子とメールをした。

この頃の僕は世間知らずだった。有料サイトに登録しており、いわゆる「サクラ」と連絡していたのだ。

かわいい子ばかりから連絡が来て僕はすっかり浮かれていた。自分が、男としてメールしていることが新鮮でとても面白かった。

やがて特定の「朋奈」という女の子と連絡を取るようになった。「朋奈」とは一度も会っていないのに毎日のようにメールが来た。メールの中に綴られる「好きだよ」という言葉を僕はすっかり信じてしまった。そして、あっという間に甘い闇に引きずり込まれた。

愚かな僕は、ポイント制の有料サイトに一カ月で十万円もつぎ込んでいた。どんどんお金がなくなり気が付いた。このメールをやりとりしている人物は僕と同じように存在しない人なのだと。

しかし、一度甘い闇に引きずり込まれると、メールをやめることができなくなる。たとえ、それが架空の相手だとしても良いとさえ思うのだ。今ある現実よりも一時的でいいから甘い夢を見たい時だってある。

信じられないかもしれないが、高校生活の中で「朋奈」に夢中だった時の記憶は幸せだった。

朝になれば、「成希、おはよう」とメールがきた。そして夜になれば「成希、おやすみ」とメールが届く。赤の他人が成希を認知してくれる。それはまるで成希がこの世界に生きているようだった。

僕は、ばかみたいにお金をつぎ込んで落ちるところまで落ちた。サイトを退会した後、貯金のない通帳を見ながらほんの少しだけ、虚しくなった。これが現実なのだろう。

元の日常は窮屈だった。現実にいる僕は恋愛もできず、好きな服も着られない毎日を生きていた。

高校生活の唯一の楽しみは夜の布団の中だった。誰にも邪魔されず、僕だけの世界を生きることができる。たくさんの現実から目を反らす時間を与えてくれたのは成希だけだった。

僕は十七歳になると勉強の時間も放り出し、休日でも布団の中で大半の時間を過ごしていた。

性別に適合しないことは残酷だった。クラスのほとんどの男子はかわいい女子に態度を変えていた。

寝癖を気にしない上、服装はいつもジャージでかわいさのかけらもない僕はとても冷たくされていた。

男というのは外見をとても重視する。正直、その気持ちが分からなくもない。僕だってかわいらしい女子に心惹かれることだってある。

そんな僕は男子から見たら、女を捨てた痛い存在なのだろう。性を意識しない女子ほど魅力を感じないものはない。冷たくされても無理はなかった。

だから唯一、男として生まれなくて良かったと思ったのがこの出来事だった。別に男子にモテたいわけではない。ただ、仲良くしたかった。

もしも僕が男だったら、女の人には平等に優しく接してあげたい。ずっとそれは決めていたことだ。

高校の修学旅行の季節が来た。僕の高校はクラスで行きたいところを決めることができる。行き先は多数決で関西方面になった。クラスは佐藤君を中心に一層盛り上がりを見せていた。

修学旅行のグループは自然と形成された。僕はそれなりに仲良くしていた沙織と同じグループになり、一緒に旅行の計画を立てることにした。

しかし沙織は僕のことを本心では好きではなかったようだ。最初から僕をいないものとして扱った。それに気が付いた僕は計画を立てる話し合いに参加しにくくなった。徐々にその場にも居づらさを感じ、ついには保健室へ逃げ込むようになった。

僕が保健室へ行くと先生はいつも忙しそうに書類作業をしていた。

「横関さん。また来たの？」

「ちょっと頭痛が酷くて」

「それで、どうしたいの？」

「横になりたいです」

「じゃあ、そこのベッドで横になっていて。治ったら次の授業には出なさい」

「はい」

僕は学校で行き場のない時は、保健室によく逃げ込んだ。保健室は特別な空間だ。人間関係から開放され、とても落ち着く。

それでも僕は寂しかった。僕がここへ来たのは、本当は話を聞いてほしかったからだ。友達関係のことじゃなくてもっと根本的なこと。それをどう言葉にしたらいいのかは分からない。しかし、この胸にとどめるには重すぎる。

それでも悩みが根本から深刻であるほど、他人に言えるわけがない。「やっぱり言えないよな」

僕は書類作業をしている先生の背中に心でつぶやいた。

僕が先生たちに良く思われていないことくらい知っている。それも自業自得と言われても仕方がない。僕はたくさんの学校のルールに適応できなかった。この先も人に嫌われてまで高校生活を送らなければいけないのかな？

本当はね、僕だってもっといい学生でありたかったんだ。誰にも迷惑をかけないで、勉強も部活も頑張って輝きたかった。それができなかったこの現実に何だか気が遠くなった。

修学旅行当日、僕は仮病を使った。旅行なんてどうでも良かった。女子と二十四時間も一緒にいると思うと息が詰まりそうだった。

だからといって男子と一緒にいるわけにはいかない。お風呂だってどうしていいのかも分からない。パンクしそうな悩みの中で出した答えは旅行から逃げることだった。

高校に入学してからの僕は目の前のことから逃げ出すことが増えてきた。姉たちや家族にも呆れられた。僕も、もしも自分以外の人がそうしていたらきっと、同じように思ったかもしれない。「何やってんだよ」って。だから言い訳を言うとね、もう限界だったんだ。大声で泣けたら楽だったのにあの時は誰にも弱みを見せられなかった。自分自身にさえ。むしろ、学校を辞めずにこられたことに胸を張ってもいいと思っているんだ。

旅行当日、僕は部屋に引きこもった。たった一人で過ごすことが寂しかった。

今頃、クラスのみんながどこで何をしているのか考えているうちに本当は旅行に行きたかったことに気が付いた。

だから心の中で成希を旅行へ連れて行かせた。

彼は一番賑やかな佐藤君たちのグループに属し、そこで腹を抱えて笑っている。佐藤君と一緒なら女子も自然に寄ってくる。寄ってきた女子と何気ない話に盛り上がり、一緒に道頓堀やUSJに行って笑っていた。成希のルールは独りの人を決して作らないこと。だから、いろんな人を集めた結果、とても大きなグループとなった。


どのくらい考えただろう。外は真っ暗だった。家族もいつの間にか帰ってきている。僕は自分が家にいることすら忘れていた。現実を思い出すと、僕の心に鉛のような重さがのし掛かった。

僕は目の前に見えているものよりも頭の中で考えるものしか見えていないのだ。現実逃避ってこういうことなのだろう。

これが僕の日常だった。そして、僕の高校生活の大半の時間を成希の世界で生きてきた。だから、たまに思う。本当にこれでいいのだろうか、と。

旅行の翌週、学校へ行くとクラスの女子たちは僕のためにたくさんのお土産を買ってくれていた。その心遣いは今でも温かい気持ちになる。

十八歳、僕は本格的に女として生きる決意をした。このままでは性別に適した生き方ができないと分かっていたからだ。

僕は、もう一度化粧をして、レディースの服を着た。恥ずかしかった。それでも毎日毎日続けた。女子トークに参加をし、大して好きでもない男子をかっこいいと言ってみた。そして生理の時は「来ちゃったよ」って笑いながら、堂々とナプキンを持っていった。

慣れるだろうと、安易に思っていたが実際はその逆だった。僕は自分を嫌いになった。それでも僕は体の性別に心を合わせ続けた。

何度か心にいる成希も消そうとした。成希は僕の心を支配していた。彼がいる限り、女性として生きることはできない。しかし、どう頑張っても成希は消せなかった。

そしてこの年の春から夏にかけて彼氏ができた。僕を「かわいい」と言ってくれたから付き合った。デートも何度かした。

デート中に彼と手が触れた瞬間、どうしようもない嫌悪感が湧いた。ずっとしたのだ。それでもやめるわけにはいかなかった。僕は彼を好きになろうと努力をした。そして女子としてかわいく生きようと決めた。何度も自分に彼を好きになるようにと言い聞かせた。

デートは回数を重ねるほど、一緒にいる時間も増えてくる。最初は数時間だったデートも半日、一日と一緒にいる時間が長くなった。僕にとってそれは学校生活よりも辛かった。

あるデートの日、マイナーな映画を見た。正直、内容なんて頭に入らなかった。

薄暗い空間の中、僕を女として意識する男が隣にいる。それを思うと居心地が悪くて仕方がなかった。

それを見た後、彼から二人きりになろうと言われた。僕は答えに迷った。僕たちは付き合って一カ月、キスすらしていなかった。これから何をしようとしてくるかが予測できた瞬間、寒気がした。

彼は無言になったタイミングで手を握ってきた。僕にはどうしてもそれを握り返すことができなかった。携帯電話で時計を確認する。二十時過ぎだった。

「ごめん。そろそろ帰ってこいって親に言われているんだ」

「そうなんだ」

目を反らしていても彼の落ち込んだ声が分かった。

「今日は帰るね」

僕は彼の手を離した。

「けいちゃん、帰ったらメールしていい？」

「うん。今日はありがとう」

「いっす」

「じゃあ、また」

「ばいばい」

僕はなるべく人混みの多いところを選んで帰った。今は賑やかなところに自分を置きたかった。

その年の夏だった。僕は彼とセックスをした。その決意には好奇心もあったのかもしれない。そして生まれて初めてラブホテルに入った。

ベッドに座る彼が手招きをした。僕は彼と距離を置いてベッドに座る。彼がぴったりくっつくように横に付き、彼の手が太ももに触れた。全身に鳥肌が立つ。

「好きだよ」

「……ありがとう」

「けいちゃんも俺のこと好き？」

「うーん、まあ」

彼からの甘い言葉は僕をシラけさせた。男の肌が触れるたびに鳥肌が立ち、込み上げる嫌悪感でいっぱいになった。

彼がキスをしてきた。今までとは違うキスに応えるしかなかった。

僕は性欲を必死に引き出そうとした。思い出したのが、初恋の相手だった。それはアニメの主人公だ。僕が、彼女に夢中になったのはその性的な魅力だった。大きな胸やきれいな長い脚、長髪の髪は当時の僕の心を虜にした。どうせなら彼女とセックスがしたい。

心の奥底に存在する欲望は虚しさに変わった。その感覚のままするセックスはかなり辛い。そのため、途中から僕は自分の心を切り離した。とても客観的に、そして冷静な僕がいる。女の人ってこんな風に男の人を見るんだろうな。いいな、男って。いっそ、早くこの人生が終わればいいのに。

僕は分かりやすいくらいに視線を横に向けた。テレビが付けっぱなしだった。内容は覚えてないけど、たまに見る番組だった。

「恥ずかしい？」

不意の言葉にシラけた思いが込み上げる。僕は視線を変えなかった。

「……うん」

結局、僕は最後まで受け身の姿勢だった。体は許しても、この心だけは絶対に踏み込ませなかった。

ふと、男の背中を見つめた。大きくて、かっこ良かった。僕は、こんな背中になりたかった。それが自分にはかなわないことだと思うと泣きそうだった。いったい自分は何をやっているのだろう？

その日、僕は運命を受け入れないで生きることの残酷さを体で感じた。

あの頃の僕は自分を変えることに必死で、他人のことなど考える余裕はなかった。彼には悪いことをしていた。彼は、僕の気持ちがないことに気付いていても精一杯優しくしてくれた。それでも一生、僕の心は彼にはいかない。最低と思われても良かった。これ以上、彼といることはできない。

彼と別れた帰り道、僕は小さい頃に遊んだ公園に立ち寄った。いつもは素通りするところなのに、その日はそこで過ごしたくなった。

昔、近所のおじいさんが犬の散歩の時に必ず座るベンチがあった。今はもう随分、ペンキも剝げかけている。僕はそのベンチに腰掛けて何時間も過ごした。

考えることにも泣くことにも疲れていた。僕はセックスをしても本当の性別を取り戻すことはできなかった。

気持ちが悪い。内側から込み上げる強い嫌悪感。僕はなぜ女なのだろう？

暑い夏の日差しが照りつけ、汗が滝のように流れる。僕は自分の影の上に落ちた汗を見ていた。

今は現実を直視することができない。だから僕は公園で成希の世界を生きた。

彼には髭や喉仏、すね毛が生えていた。ゴツゴツした腕に浮き出る血管。身長が高くて、彼が歩くだけで思わず女性が振り返ってしまう。

彼も進学校で受験勉強をしている。あの教室で、仲間たちと一緒に。

彼の夢は医者になることだ。

とても楽しそうに夢を語り、男子しかできない会話をしてみたい。そして思いっきりお腹を抱えて笑いたい。

笑うとたくさんの人が集まって、楽しいグループができあがる。そのグループは男子も女子も、居場所のない人も、みんながいる。そんなグループがいい。

充実した日々の中で彼女もいた。彼は、好きな人がいたらちゃんと言える人だ。「好きだ」って。そして今日、大好きな彼女とセックスをするんだ。とても幸福な時間。そう、とても。

あれ、好きな女性に触れるってどんな気持ちなのだろう?

公園内が薄暗くなり重い腰を上げた。

携帯には彼から海の夕焼けの写真が送られてきていた。返信はしなかった。それが僕にとっての「さよなら」だった。

僕は将来どうなるのだろうか、僕は自分自身に聞いてみた。それでも答えなんて見つかるわけもなく疑問だけが宙を舞った。

気付いたら夜も眠れなくなった。何度も寝返りを打っては時計を見る。深夜二時、目は覚めていた。「明日、起きられるのだろうか?」そんな心配が頭を過ぎる日々だった。

両親とはろくに話をしなくなっていた。もちろんそんなこと話せるはずもなかったが。

とにかく生きることが苦しかった高校時代もなんとか終えた。

卒業式は袴での出席だった。しかし、僕はそんなものを着たくなかったから出席はしなかった。

母はイベントでの仮病はいつも認めてくれた。

あの日、僕のいない卒業式に母は出席した。母はいったいどんな気持ちだったのだろう？

卒業式当日に僕は家で成希の絵を何枚も何枚も描いた。

スーツ姿の成希が卒業式に出席していた。彼は、とても堂々としていた。凜々しい横顔を描き上げて、しばらく見つめた。

青空。ようやく卒業式が終わり、校門の前で成希が担任の先生に駆け寄った。

「先生、今までお世話になりました」

少し小柄な先生が成希を見上げる。

「成希、ついに卒業だな。大学でも頑張れよ」

「はい、僕が大学に行けたのも先生のおかげです。本当にありがとうございました」

担任の先生が嬉しそうに微笑む。

「成希、写真撮ろうぜ」

そう言って駆け寄る男友達。友達が来てくれることに彼は喜びを噛みしめて微笑んだ。

「もちろん」

「あ、私とも撮ろうよ」

近くにいたクラスメイトの女子たちも集まった。集まりにくそうにする控えめな女子もいる。彼女たちにも来てほしくてこう言った。

「いいよ。じゃあ、みんなで撮ろうぜ」

先生や後輩、友達とはしゃぎながらたくさんの写真を撮るんだ。彼は誰よりも輝いていて、笑っていた。


笑った成希の絵を見ている自分の存在に気が付いてため息が漏れた。

僕、こんな世界を生きてみたかった。


高校生活から解放された春。自由の幅が広がったような新鮮な感覚だった。

そして、心の変化が訪れたのはこの頃だった。当時、『笑っていいとも』という番組で性同一性障害の方がテレビに出演していた。その方は女性から男性へ性別を変更し、彼女と共に出演していた。とても幸せそうだった。

僕はそれを見て羨ましくなった。好きなものを着て、好きなことをして、その上で好きな人と恋をしてみたかった。僕は自分らしく生きたくなった。そしてすぐにレディースの服を捨てた。その時は本当に気持ちが良かった。

そしてメンズ服を買うため、ショッピングへ出かけた。あの日の買い物は本当に楽しかった。

試着室でメンズ服を合わせた時、久しぶりに心が弾んだ。何かが変わるのではないかという期待感を胸に抱いた十九歳となる春。とても好きだった。

高校を卒業してから僕は母の希望で地元の看護学校へ入学した。勉強どころではなかった高校時代を過ごしたため、進学できるのなら正直どこでも良かった。こうして僕は看護師を目指すこととなった。

十一、現実

専門学校時代、僕は二人の大切な人に出会った。

一人目は和月ちゃんだった。彼女とは専門学校に通い二年目で知り合った。

十九歳の春、髪を思いっきり切った。夜は誰もいない競技場を走って体も絞っていた。あの時は誰かに異性として意識してほしくて自分を磨いていた。

そして二十歳を迎えようとする四月。入学式が終わり、学校は午前で終わった。しかし僕は友達と午後まで残って雑談をしていた。途中でトイレに立つ時に廊下で後輩たちとすれ違った。

「お疲れさまです」

不意をつかれた挨拶だった。

「こんにちは」

僕も挨拶を返す。たったそれだけのやりとりだった。

その日の夜。寮生の莉緒から電話が来た。寮生が僕にかけるのは大体が車を出してほしいということだった。

当時、僕の通っていた看護学校の魅力は学費の安さだった。また、そこの寮も格安で住むことができる。ただ、そこは共同生活であることや車の持ち込みが禁止されている寮なだけに不便さはあった。アパートから車で通う僕はよくそんな寮生に頼まれ事をされる。僕は莉緒の電話に渋々出た。

「もしもし、よこちゃん？」

「どうしたの？」

僕は思わず「どこにいるの？」と聞きそうになった。慌てて口をつぐむ。

「あのね」

「うん？」

莉緒の後ろで女子の笑い声がする。

「あのね、一年生がよこちゃんのことかっこいいって言ってるよ」

「え？」

思いも寄らない言葉だった。

「本当にそれ自分？　川田じゃなくて？」

川田は僕のようにボーイッシュで長身の女子だった。

「違うよ。黄色のパーカー着てたって言ってたよ」

黄色のパーカーを着ているのは僕だけだった。

「自分だね」

莉緒の後ろの女子たちがはしゃいでいた。

「今日、一年生に会わなかった？」

「入学式くらいだけど」

「あ、廊下で会ったって言ってるよ」

「あ」

好意的な視線を向けてきた女の子を思い出した。

「会った」

それが僕のモテ期と言うべき出来事だろうか。電話を切った後、僕は嬉しくてベッドの上で跳ね上がった。こんなにウキウキする気持ちは本当に久しぶりだった。

僕は鏡の前で、明日着る服を合わせながら顔をほころばせていた。学校へ行くことが楽しみになった。


翌日、入学式で会った女子とは別の子がはしゃいで僕の元へ来た。その子は友達数名に取り押さえられながら僕の前に連れてこられていた。

「よこせきさん」

「はい」

両腕を押さえられながら連れてこられた子は顔を赤くしていた。

「恥ずかしい」

すると横にいた友達が言った。

「よこせきさん、和月が話したがってます」

和月ちゃんはショートカットで色白の女性だった。僕のストライクゾーンだ。

「無理、かっこ良すぎて顔見れません」

僕の口元が緩む。

「あ、どうも」

「きゃ――」

僕が恥ずかしくなった。胸が弾む。

「あの、誕生日って四月って聞いたんですけど」

「うん。えっと、名前は？」

「和月です。上野和月です」

口元を押さえて顔を真っ赤にさせる彼女が印象に残った。これが僕と和月ちゃんとの出会いだった。和月ちゃんは大げさに友達の陰に隠れて僕を上目遣いに見ていた。男はそんな女子の仕草に弱い。

和月ちゃんは次の日も僕の友達に隠れて目の前に現れた。

「あの誕生日っていつですか？」

「誕生日？　忘れたなあ」

僕は意地悪っぽく言った。控えめな和月ちゃんの視線が嬉しかった。

その翌日も彼女は僕の教室の近くにいた。その姿が愛らしく、僕の恋心がくすぐられていった。

「かっこいい」

僕の背中に彼女は言ってくれた。僕をかっこいいと言ってくれる和月ちゃんを好きになるのは簡単だった。

そして僕の誕生日当日。授業が終わりロビーに行くと、和月ちゃんとその友達、クラスメイトの奈々ちゃんがいた。

「よこせきさん、これ。今日、誕生日ですよね」

それはお菓子の袋だった。中には僕の好きなお菓子が入っていた。

「え？」

「どうぞ」

「え？　ありがとう。嬉しいんだけど。でもどうして分かったの？」

「聞きました」

「あたしだよ」

そう言ったのは奈々ちゃんだった。悪戯っぽく笑って僕をからかっていた。

「お前はいいんだよ」

「何よ」

僕は奈々ちゃんから和月ちゃんへ視線を向け直す。

「マジでありがとう。嬉しいんだけど」

「あの、チョコ好きなんですよね？」

それも奈々ちゃんから聞いたのだろう。

「うん」

「良かったね」

「あの、あとこれ和月の連絡先です」

和月ちゃんの隣にいた友達が僕にメモ帳をくれた。とてもシンプルなメールアドレス。ちょっとだけセンスを感じた。

「メールください」

「うん」

和月ちゃんに微笑みながら戸惑っていた。正直、メールは苦手だ。奈々ちゃんとは毎日でも平気でできるのにと思いながら僕の周りをうろうろする彼女を横目で見ていた。

和月ちゃんがいなくなると奈々ちゃんが突然、青い包装紙を鞄から出した。

「これはあたしから。お誕生日おめでとう。恵子ちゃん」

奈々ちゃんは僕のことを「恵子ちゃん」と言う。僕がその名前で呼ばれるのを嫌がっているのを知っていてわざと言っているのだ。それは奈々ちゃんの悪戯心だった。だから憎めない。

「マジで？　ありがとう」

奈々ちゃんは棒読みだった。つかみどころのない奈々ちゃんはやっぱり面白い。

「あたしの誕生日は六月だよ」

「うるせえ」

僕らは声を出して笑っていた。

二十歳、それは最高の誕生日だった。僕の心は和月ちゃんのおかげで最高潮に舞い上がっていた。


それから僕は和月ちゃんをデートに誘った。

最初は夢のようだった。映画や水族館、食事やショッピング。今までは空想でしかかなわなかったことが現実として起きていた。

和月ちゃんと歩く道のりはとても誇らしく、僕の目に映る世界に色が付いた。これが現実を生きると言うことなのかもしれない。

僕はさらに男らしさを求めた。とにかくかっこ良くなりたかった。メンズ服をたくさん買い、髪型もいろいろと工夫をした。夜はひたすら走って筋トレに励み、理想の自分を目指した。

その一方でこの時期、僕に心の変化が訪れていた。僕が現実を求めるあまり、成希の世界が描けなくなったのだ。こんなことは初めてだった。

和月ちゃんとは成希ではなく、僕自身で勝負したかった。それは、僕の精神が大人へと変化を遂げようとしていたのかもしれない。しかし、これが僕の想像を越える苦しみとなった。なぜなら、彼が現れなくなったことで僕は嫌でも現実と向き合わなくてはいけなくなるのだから。

その小さな異変が起こったのは和月ちゃんへの思いが頂天に達していた四月の終わりだった。

僕は同級生の友達と二人で和月ちゃんの話をして盛り上がっていた。同級生の友達が何気なく言う。

「和月ちゃんってかわいいよね」

「うん」

僕はわざと素っ気なく言った。そしてなるべく平然を装って聞いてみた。

「あの子って彼氏いないの？」

その質問に対する答えを待つ間、僕は試験の合格発表のようにドキドキした。

「今はいないみたいだよ。ちゃんと恵子ちゃんのこと好きだから安心しなよ」

「いや、そういう意味じゃないし」

「あれだけ言ってるんだし、付き合えば？」

「ばか」

僕の顔がニヤける。

「でも、高校の時はいたみたいだよ。あれ、何で別れたんだっけな。忘れちゃった」

「え、そうなの？」

たったそれだけの言葉に胸騒ぎと猛烈な嫉妬心に駆られた。和月ちゃんの元彼の存在が無性に気になる。

和月ちゃんはまだ元彼が好きなのだろうか、そもそもどこまでしたのだろうか。セックスなんかしてないよね？

胸の痛みよりももっと絶望的な感情が込み上げた。嫉妬だ。明らかに今までとは違う。この先の道のりが果てしない闇に姿を変えてしまう悪魔のようだった。

僕の顔は一気に曇った。隣にいた友達はそれに気が付かず、男の話をし始めた。その内容は僕の耳から抜けていた。

昔は恋が楽しくて仕方がなかった。いつもウキウキして布団に潜ってなりたい自分を思い描いていた。いつの間に恋が苦しみに変わってしまったのだろう？　今回は大丈夫だろうか。

不安を抱えたまま僕は和月ちゃんとデートを重ねた。実習やテストで忙しい時は連絡を控えた。僕は慎重にその恋を大切にした。

和月ちゃんと出会って三カ月が経った。デートの帰りの駐車場で僕は彼女を抱きしめた。理性よりも性欲が勝り、大胆な行動を取ってしまった。彼女は抵抗しなかった。引き寄せる僕の腕に身を委ねるように彼女は体を埋めた。あの時の気持ちを忘れはしない。初めて好きな女性をこの腕に抱いたのだから。顔に照らされるオレンジ色の光、この世界の色はきれいだった。

そのデートから僕は彼女にもっともっと触れたくなった。

その欲求はまるで中毒だった。一つの欲望を満たすと、心に快楽が訪れる。そして次の欲望を求める。その欲求はどこまでいっても尽きる気配はなく、僕の心は砂漠のように枯れ始めた。

それはもはや愛ではなく依存だった。

僕の心は本能のまま動き、ついに一線を越えそうな時が来た。

学校の昼休みに僕は彼女と二人きりになれるところへ呼び出した。そしていつものように抱きしめた。身を委ねる彼女の肩に手を置いて彼女を見つめる。彼女の目は挙動不審になっていた。

僕はそのままキスをしようと顔を近づけた。

しかし彼女は俯いていた。その瞬間にようやく目が覚めた。

俯く彼女に恥ずかしいなんてそんな甘い感情はなかった。この凍り付く空気の意味を、僕は分かる。身構えるように硬直した体、警戒心を露わにしたまなざし。

「何しようとしてます？」

「…………」

僕の目の前が真っ暗になった。これが絶望の色か。

「ごめん」

「…………」

前日の夜、僕は浮かれていたんだ。和月ちゃんとキスしたくて、絶対しようって考えていたんだ。ばかみたいにニヤけていた。僕は和月ちゃんも同じ気持ちだと思っていたんだ。

とても恥ずかしい勘違いをしていた。できるなら戻りたい。

昨日、浮かれていただけに今日知った事実はまるでどん底だった。

成希のいない世界に僕は心のよりどころを失ったようなものだった。現実逃避もできず、僕の精神はすれすれだった。

その夜はお笑いの番組を見た。妙に面白くて笑った。いつもなら笑わないネタにも声を出して笑った。笑いまくって、笑った。そして笑いながら涙が流れた。

朝が来て僕は無気力状態となった。どこにいても笑うことができなくなっていて、いつも心のどこかに不安の陰が存在していた。和月ちゃんと会えても嬉しさを感じなかった。

それよりも僕の中に存在する猛烈な嫉妬に疲れ果てていた。嫉妬はとんでもない感情だった。喜びや楽しいという感情を奪い去る。僕はこの感情が怖かった。

特に酷いのが夜から朝方だった。一日の中で一番辛い。夢から覚めて現実を思い出す朝、急に心の重荷を背負っている自分に気付く。たった一つの恋でなぜ涙がこんなにも出るのだろうか？

あの頃の僕は愛されることに異常なほど執着していたのだ。もしあの時、僕が自分のことを少しでも愛することができたのなら、あんなにも苦しむことはなかったかもしれない。

それでも僕はこの苦しみを誰にも言わずに耐えていた。うつ病が襲ってきた。だけど、それを決して認めなかった。もしもそれを認めてしまったら二度と這い上がれない気がした。それだけは絶対に許すことのできない僕のプライドだ。

だから人前では、普通に笑ったり、勉強したりする僕であるように努めていた。


どん底はとことん続く。

ある日、家に帰ると部屋の正面にある全身鏡に目がいった。

いつも僕はそれを見るたびに心とは違う自分自身を映し出されているような感覚になっていた。だから目を反らすか、見たくないものに心で蓋をしていた。

その日はその鏡から目が離せなかったのだ。そして、ふと、僕は全身鏡の前で自分自身をちゃんと見たことがないことに気が付いた。

二十歳の秋が終わる頃、現実の自分が無性に気になった。だから僕は目の前にある全身鏡の前で服を脱いで自分の体をちゃんと見た。

正直、目が見開くくらいに驚いた。膨らんだ乳房に大きな乳首、丸みのある体、幅のある骨盤、股間には何もない。これが僕の本当の姿だった。

十年以上も目を反らし続けた裸体は僕を絶望させた。鏡に映るその姿は、自分自身のはずなのにそれを受け入れられなかった。醜い、まさにそんな言葉がぴったりだった。僕は崩れ落ちるように泣いた。

頭の中で何度か考えたことがある。死んで生まれ変わりたい、と。

しかし僕の両親はクリスチャンだった。僕が教わったことは自殺が罪になるということだった。罪を犯したら地獄に落ちるということを子どもの頃からずっと信じていた。正直、死んでからも苦しみたくなかった。もし、僕の両親がクリスチャンでなければ、今頃どうなっていたかは想像できない。

砂漠のように乾いた心が求めたものは言葉だった。

その答えは聖書にあるのではないかと考え、僕は聖書を読みあさった。聖書の歴史は古い。たくさんの人が命を落としてでも守ったものの正体を僕は理解できずにいた。命を落とす価値がなぜ生まれたのだろうか。僕は聖書を夢中で読んだ。

そしてある時、こんな言葉を見つけた。

「あなたの罪は許されている。野の花が生かされているのに私があなたを見捨てるはずがない。恐れるな。私はあなたと共にいる。不信仰なものたち、私についてきなさい」

言葉の力を知った瞬間だった。心に浸透する感じがした。「人が言葉によって生きる」という意味が分かった。僕はたった一つのこの言葉に支えられたのだ。

やがて時が過ぎ、看護学校の卒業式を迎えた。和月ちゃんの心が僕から離れても僕は最後まで和月ちゃんが好きだった。

看護学校の卒業式を迎えた年は、成人式もあった。母は姉のお下がりの着物を着ることを勧めた。しかし、僕は出席しなかった。

普通の人はこの日におしゃれをして久しぶりに会う友人と楽しむのかもしれない。着物を着られる時って普通はもっとウキウキしたりするのだろうか？

成人式当日の土曜日、僕はお昼まで布団の中で眠っていた。途中で何度か目覚めては虚しさが胸の中で湧き起こった。

成人式も高校の卒業式も、着物以外の服装の選択が僕にあったのならどうだったのだろうか。

やりたいことは思いっきりやれて、好きな人には好きって言える人生が当たり前なのに僕にはそれができなかった。ありふれた、当たり前のことができないまま僕の青春はこうして終わった。

十二、見えない未来

こんな僕に初めて彼女ができたのは二十二歳の時だった。相手は看護学校の同級生の奈々ちゃんだ。彼女はウサギみたいな顔の人でみんなに愛される人だった。

彼女と初めて出会った時のことはよく覚えている。

看護学校一年目の六月、僕は初めて彼女の存在を知った。授業でグループを先生がランダムに振り分けた中に奈々ちゃんがいた。

僕はその当時、藍田という少しギャルっぽい雰囲気の女性のことを気にしていた。しかし藍田とはあまり話す機会もないまま毎日が過ぎていた。その中で藍田と仲のいい奈々ちゃんと同じグループになったことはチャンスだった。

奈々ちゃんの顔を近くで初めて見た時の印象は「タイプじゃない」と失礼なことを思ってしまった。

「よろしくね」

彼女はもう一人のグループメンバーの子と一緒に僕の席まで来て挨拶をしてくれた。彼女は僕に対して警戒心を露わにし、友達の背中に隠れていた。

当時の僕は髪型の半分を赤色に染めており、ボーイッシュなスタイルで目立っていた。僕は自分の関心を一気に奈々ちゃんへ向けた。

「奈々ちゃんだよね？」

「うん」

「いつも藍田と仲良いよね」

「そうだよ。寮で同じ部屋だから」

僕は彼女に何度も話しかけた。

グループ授業の準備で僕は奈々ちゃんと放課後に二人でよく一緒に残った。奈々ちゃんを通して僕は藍田のことをさりげなく聞いていた。奈々ちゃんの話を聞く限りで藍田には彼氏はいないようだった。

しかし、藍田の席の隣の男子は水嶋ヒロ似の人で藍田とよく話をしていた。僕はかなりモヤモヤして二人のことを見ていた。

僕と話す時の奈々ちゃんはいつも笑っていた。だから一緒にいるのが楽しくて、授業以外でも僕は奈々ちゃんと話をした。彼女は僕に面白い悪戯ばかりをしてきた。

夏休みになった時、僕は意味もなく奈々ちゃんとメールを毎日した。本当は藍田とメールがしたかったけど、そんな勇気はなかった。異性として意識しない奈々ちゃんに対して僕は自分をさらけ出していた。

しかし仲が良かった僕らでもちゃんと距離感を保っていた。それは僕から発していた暗黙のルールだった。僕が好きなのは藍田であって奈々ちゃんではなかった。だから、僕は近すぎるところに奈々ちゃんが来ると本気で怒った。

二年目になると僕は和月ちゃんに夢中になり、奈々ちゃんのことを余計にぞんざいに扱ってしまった。

二年目の冬、僕たちは小さな言い合いから全く話さなくなった。それが何だか寂しくて、気になるようになった。僕は奈々ちゃんに優しくできなかったことを後悔した。

三年目の冬の終わりの時には無性に話したくなった。彼女の視界に入りたくなった。だけど、時々、奈々ちゃんと話す機会があっても彼女は素っ気なかった。他の友達に昔のような笑顔を見せている姿に僕は焼きもちを焼いた。

僕の夢には奈々ちゃんがよく現れるようになった。夢の中でも僕は遠くから奈々ちゃんを眺めているだけだった。

そして、卒業式の前日を迎えた。その日はクラス最後の飲み会で、僕はばかみたいにお酒を飲んでいた。そして、僕はお酒に酔った足取りで彼女の隣に座った。僕は和月ちゃんとうまくいかなくなっていて相当参っていた。

彼女の隣はとても魅力的に思えた。まるで暗い森の中でランプに灯された家のような、そんなイメージ。僕はそのランプの光を目指すようにやって来たのだ。

奈々ちゃんの隣は温かった。僕は自然に笑って奈々ちゃんと話をした。

飲み会が一層の盛り上がりを迎えようとした時にたまたま手と手が触れてしまった。胸が跳ねた。僕は手を引っ込めなかった。彼女も同じようにしてくれた。

「チューしよう」

僕は冗談のように言う。酔っているのに意思ははっきりしていた。僕はその夜、奈々ちゃんに恋をしたのだ。

奈々ちゃんは相当酔っていた。奈々ちゃんは勢いで僕にキスをした。

僕はあまりの勢いと衝撃に全ての感覚が一瞬だけ途切れた。たった数秒のキス、その瞬間は異様に長く感じられた。僕はゆっくり目を閉じた。胸の中が久しぶりに満たされ、幸福だった。

僕たちは酔っ払った勢いでみんなの前でキスをしていた。しかし周りの友達もベロベロに酔っており、全く気にする様子はなかった。むしろ周りの友達も誰彼かまわず、女子同士でキスをしていた。

奈々ちゃんとのキスは魔法がかけられたような夢見心地だった。

たったそれだけの出来事で僕の慢性的な疲れは吹っ飛んでしまった。だから僕はこの瞬間の出来事を決して忘れない。

卒業式当日、僕たちは何事もなかったように接した。それでも変わったことがある。僕の奈々ちゃんに対する意識の変化だった。

卒業式にこんなこともあった。

とても素敵な後輩が僕に手紙をくれたのだ。本当に意外だった。みんなが帰った後に下駄箱でずっと僕を待っていてくれたのだ。

その後輩とは数回話したことのある一年生だった。

彼女と初めて話したのは、僕が三年生になった秋の文化祭でだった。たまたま同じ出店の持ち場に彼女がいたのだ。僕は何も考えずに話しかけた。彼女は笑顔で応えてくれた。

彼女の愛想の良さは好印象だった。僕は店番をしながらほとんどの時間を彼女と話していた。

そのうちに彼女は、春からずっと僕を見ていたと素直に打ち明けてくれた。その時は本当に嬉しかった。

そんな彼女は異性にとても人気のある人だった。僕には男性と対等に彼女に言い寄る自信なんてない。

あの日、せっかくかわいい後輩が待っていてくれたにもかかわらず、僕はその後輩に素っ気なくした。僕の彼女に対する誠意は期待をさせないことだった。

家に帰ってから僕は慌てて後輩の手紙を読んだ。嬉しい内容だった。だから何度も何度も読み返した。彼女から明らかな好意を感じた。

もしもあの時、あの後輩を選んでいたら僕には全く違う未来があったのだろうか。

看護学校を卒業した後、長い春休みに入った。

僕は昔のようにほぼ毎日、奈々ちゃんにメールをした。昔と違い、今は奈々ちゃんから来る一通一通のメールが嬉しくて愛おしかった。

何回かメールしているうちに僕は奈々ちゃんと二人で遊ぶ約束をした。僕の誘いに奈々ちゃんは快く応じてくれた。

奈々ちゃんとの初めてのデートは水族館だった。平日で季節外れの水族館デートでも人で賑わっていた。

奈々ちゃんと水族館の入り口を歩く途中、子連れのお客さんがいて思わず目を反らした。ほんの少しだけ切ない感情が込み上げてくる。

僕が男で、奈々ちゃんが僕の奥さんで、子どもがいる人生があったならと思う。かなうはずはないのに、そんな夢がかなうのなら僕は明日、死んでもいい。

和月ちゃんへの執着心からようやく解放されたのに、この胸の痛みは死ぬまでなくならないのだろう。

先の見えない運命、そんな中で奈々ちゃんとキスをしたことは奇跡に近かった。これからだって何があるかは分からない。僕は今だけを見て生きていたい。

初デートは本当に楽しかった。青空の下でのドライブ、水族館、展望台やおいしいお寿司屋さん。全てが甘く幸せな時間だった。今日が最後かもしれない、そう思うと全ての時間が愛おしくなる。

その帰り道、僕は思い切って奈々ちゃんの手を握った。手をつなぐ時、僕は緊張で俯いていた。もっと自然に話しながらなら気まずくなんてならなかったかもしれない。しかし、僕はそんな器用な人間ではない。あの時、彼女は驚きながらもそれに応えた。

「今日はありがとう」

「ううん、こちらこそありがとうございます。すっごく楽しかったよ」

「うん……。また、会える?」

横目で奈々ちゃんの表情をうかがった。奈々ちゃんは昔みたいな笑顔で言ってくれた。

「うんっ」

二人で歩いた帰り道、星がきれいな夜だった。

僕らの季節に新しい春が来て、僕は群馬へ彼女は地元の病院へそれぞれ就職した。

職場であわただしく過ごしているうちに、四月はあっという間に過ぎ去った。僕はこの一カ月、ひと時も奈々ちゃんのことを忘れることはなかった。

待ちに待ったゴールデンウィーク、僕は久しぶりに新潟へ帰った。もちろん奈々ちゃんと会う約束をしてある。

新潟へ向かって関越道を車で走りながらわくわくわくしていた。あのときめきは、今でも忘れられない。

今でもそうだけど、日常の中で、わくわくした感情など滅多に込み上げてこない。だからそんな些細なことがとても幸せなことだと記憶に残っているのだろう。

奈々ちゃんと会う日は快晴だった。暑いくらいの青空の中、二人で地元の遊園地へ行った。ばかみたいに笑って、とても楽しかった。

お互いに怖がりだったのにお化け屋敷にも入った。暗闇に入った瞬間に自然と手をつないだ。あの瞬間、急に背筋が伸びた。ちゃんと彼女のことを引っ張ろうと思った。男ってこうやって成長するのかもしれない。

僕はこの記憶を消さないようにたくさんの写真を撮った。奈々ちゃんの横顔、二人のツーショット、僕たちの見ている景色。なるべくたくさん。きっといつか思い返す日が来るから。

デートの帰り際、夏休みに二人で旅行に行く約束をした。「今度はディズニーランドへ行こう」と決めた。

旅行までの二カ月半はとにかく長かった。

当時の職場は山の上の閉鎖的な環境だった。そこは、僕にとって逃げることのできない世界に感じられた。

初めての就職はなかなかうまくいかなかった。自分が想像していた以上に仕事の要領が悪く、人間関係にも苦労をした。初めての仕事で残念ながら僕は孤立してしまっていた。自信を失えば、負の連鎖に歯止めが効かなくなる。

当時、パワハラなんか当たり前にあった。それが当然の環境だと、そんなことにも鈍くなってしまう。理不尽なことや八つ当たりにも耐えるしかなかった。

それでも辞めることは考えられなかった。奈々ちゃんが頑張っているなら自分も頑張りたかったからだ。一緒に頑張ることで遠くにいる奈々ちゃんとつながっていると思いたかった。

僕はどんなことがあっても毎日毎日、必死に自分を奮い立たせて出勤をした。

あの頃の一日一日は地獄のように長く、耐えるには相当の忍耐が必要だった。まさに天国と地獄を生きるような思いをして乗り越えた一年だった。

そんな僕の唯一の楽しみは、夏休みの計画を立てることや奈々ちゃんとの写真を見ることだった。その瞬間は本当に幸せだった。


七月、待ち焦がれた夏が来た。

この瞬間の気持ちを何と表現したらいいのだろう。好きな人と好きなところへ行く、それは完璧な幸せで、人生の幸せの絶頂だった。そして、この旅で僕たちは忘れることのできない体験をする。だからこの夏のことは二度と忘れない。

僕たちは三泊四日の旅行へ出かけた。あの時の夏の日差しが僕は大好きだ。

一日目はそのまま伊香保温泉へ行った。石段を登り、足湯につかりながら会えない間、どんな風に過ごしたのかを話し合った。奈々ちゃんは整形外科の病棟でとても頑張っているようだった。

僕は職場の人間関係にとても苦労している時期だった。その当時はそれがかっこ悪いことだと思っていた。だから、僕は奈々ちゃんに少しだけ嘘をついた。奈々ちゃんと同じくらい順調で、楽しくやっているんだよって強がって。

伊香保温泉で僕たちが泊まったのは圧倒的な存在感のある旅館だった。

旅館に入ってすぐ、今まで見たことがないくらい大きなロビーがあり、他のお客さんたちが品のある人たちにしか見えなかった。

部屋に入ると、目に飛び込んだのが庭にある露天風呂だった。贅沢な気分に浸れる瞬間がたまらなく嬉しい。

「一緒にお風呂入ろうよ」

奈々ちゃんは何度も僕に言ってくれた。しかし僕は頑なにそれを拒んだ。

「絶対に無理」

「何で嫌なの？　入ろうよ」

「無理」

奈々ちゃんは文句を言いながら渋々一人で温泉へ行った。僕は部屋のお風呂に入った。小さな庭を眺めながら心なしか寂しい気がした。

夜中になった。僕は誰もいない時間を見計らい、お風呂に入るために起きた。彼女は寝ていた。僕は着替えを取るために彼女の横を通った。しかし僕の気配で彼女が起きてしまった。

「何してるの？」

寝ぼけた声で奈々ちゃんは僕を見上げた。

「ごめん。お風呂に入ってこようかなあと思ってさ」

「え、私も行っていい？」

僕はドキッとした。断ると気まずくなると思った。しかしそれ以上に、この胸の中に込み上げる高揚感を壊したくなかった。まるで禁断の壁を越えていくような未知な感覚にドキドキした。

「いいよ」

長い沈黙の中で僕はそう答えた。

「いいの？　ちょ、ちょっと待って。起きるから」

彼女は布団から出て、急いで準備をした。その様子を見ながら、僕は内心、そわそわしていた。僕は生まれて初めて、好きな人に体を見せるのだ。

脱衣所では恥ずかしくて彼女と少し離れたところで着替えた。彼女はいろいろ言っていたが僕は気にしなかった。僕はあまりじろじろ見られたくなくて彼女より先に大浴場に行った。そして遅れて彼女が来た。

初めて彼女の裸体を見た時、あまりにもきれいで見とれてしまった。あの夜はとても恥ずかしかった。それと同時にとてもドキドキした。

お風呂場でどんな話をしたかはもう覚えていない。それでも、今までとは違って一層心の距離が近づいた気がした。


二日目の朝がきた。お台場とみなとみらいへ行く予定だった。

電車でお台場に着くと、田舎とは違う世界に興奮をしてたくさん散策をした。そして東京ジョイポリスで遊んだ。僕は、絶叫系が嫌だと彼女に言ったのに、おかまいなしだった。

ヴィーナスフォートで彼女の写真を何枚も撮った。どの顔も笑顔でピースをしていた。幸せだった。横浜へ向かう途中、お台場の観覧車が見えた。僕は目に焼き付けるように見た。どうしてもこの景色を忘れたくなかった。

みなとみらいへは十九時過ぎに着いた。みなとみらい駅を降り、開放的な駅のエスカレーターを上った。天井につるされているスヌーピー、どこかの楽団がロビーで音楽を弾いている。全てが新鮮でわくわくした。こんなに素敵な駅があるなんて知らなかった。

そして、駅を出て、生まれて初めてその観覧車を見た。

「うわあ、すごいね」

「初めて来た、すごい」

「あ、あれ今日泊まる宿だよ」

「え、あそこ泊まるの？　きれい」

「なんかすごいね」

初めて見たみなとみらいはとてもキラキラした世界だった。ずっと写真の中でしか見ることができなかった街。街中にひときわ存在感を放つ大観覧車。まさに夢のような世界だ。その世界の中に好きな人と共にいる。胸に満たされる幸福感、時が経った今では傷のように心に刻まれている。

その日のディナーは特別だ。どの建物よりも高くそびえ立つランドマークタワーに僕らは入った。中はあまりにも高級感漂う雰囲気で田舎者の僕らはすっかり興奮していた。ロビーにいるスタッフにエレベーターの場所を案内され、僕たちは七十階のレストランへたどり着いた。

扉が開いた時、その雰囲気の色がまた変わった。薄暗いライトに続く廊下。そして洗練された特別な空間がそこにはあった。二十二歳になったばかりの僕たちには少し不釣り合いだった。

「え、すごい。本当にここで合ってる？」

「合ってるよ」

僕は満足げに彼女に言う。

レストランのスタッフが来て席まで案内してくれた。薄暗い照明の中を歩くと窓側に僕らの席が用意されていた。周りはカップルで溢れていたが僕たちは無意識に想いを寄せていたため気にしなかった。

ミニステージの上でバイオリンやピアノ、チェロを弾いている人たち、僕はこの人たちと共にこの光景を忘れないだろう。僕は僕に生まれて良かったと心の底から思った。

僕たちは見たことのない景色の中で微笑んでいた。「すごい」彼女は何度もそう言って喜んでくれた。そのたびに僕の自尊心は刺激される。

宿泊したホテルも観覧車が目の前に輝く素敵なところだった。高級ホテルに僕らは酔いしれてベッドの上でいちゃついていた。

「一緒に寝ようよ」

「嫌だよ、狭いし」

「えーじゃあ私がそっちに行こう」

「ばか、来るなよ」

なんて恋人みたいな会話をしていた。幸せだった。話しているうちに奈々ちゃんは疲れ切ってすぐに眠ってしまった。

僕はしばらくの間、一人でその光景を楽しんだ。深夜二時過ぎの観覧車は真っ暗になっていた。それでも僕はこの世界を胸に刻むように眺め続けた。

この先、僕は思い出の中で生きる日が来ることを知っていた。だから僕は今日という日を忘れてはいけないのだ。彼女と生きた日を。遠くで薄暗い雲の合間から空が見えた。

ベッドに入る時、奈々ちゃんの後ろから抱くように眠りに就いた。世界で一番居心地のいい背中に安心し深い眠りに就いた。

「おはよう」

奈々ちゃんの声で目覚めた。奈々ちゃんは既に着替えていた。早くディズニーランドに行きたくて仕方がない様子だった。僕は意地悪っぽくだらだら支度をした。彼女は怒りながらも笑っていた。

「ねー早くしてよ」

そう言う彼女は子どものようだった。昔、僕がどこかへ出かける前に父によく言った言葉に似ていた。

彼女にせかされながら僕らは東京ディズニーランドへ向かった。僕にとっては五年ぶり、彼女に至っては十数年ぶりだった。

舞浜駅を降り、弾む足取りでディズニーランドへ行った。シンデレラの名曲が聞こえる。

「やばい。楽しみ」

「奈々ちゃん、速く歩いてよ」

「ふんっ、ゆっくり支度してたくせに。ポテチまで食べてさあ。もうっ」

僕たちは子どもみたいな会話を交わしていた。

世界で一番好きな人と行くところは夢の国と言う言葉がふさわしかった。チケットを買い、中に入ると僕らは同時に「懐かしい」と言ってシンレデラ城を見上げた。そしてキャストに頼んで写真を撮ってもらった。この頃の写真の僕らは心から笑っていた。

最愛の人と見る景色は今までにない喜びだ。何度も指先がじれったく触れ合う。そのたびに僕の胸が跳ねた。見つけたお土産屋さんでおそろいのパスポートケースを買い、それを身に着けた。嫌いな絶叫系も奈々ちゃんと乗った。

僕は彼女の手を握った。離さないようにしっかりと。恥ずかしくて俯いてしまったが、彼女は握り返してくれた。

僕と彼女はイッツ・ア・スモールワールドが好きで三回も乗ってしまった。さすがにキャストに顔を覚えられて僕たちは声を上げて笑った。

辺りは薄暗くなり、ショーが始まった。僕たちは終始無言で眺めていた。彼女の横顔をのぞくと本当に嬉しそうに笑っている。

レストランで夕食を済ませるとエレクトリカルパレードが始まった。

あまりにもきれいで息を呑んだ。僕は、奈々ちゃんとつないだ手をさらにぎゅっと握った。すると奈々ちゃんから恋人つなぎをしてくれた。僕たちは恥ずかしくなってそのことに関して触れずにパレードを見た。打ち上がる花火を見て、二人で過ごす夜が来ることがちょっとだけ楽しみだった。

その夜、僕たちは同じベッドの上で手をつないでいた。ゆっくりと近づく距離。じゃれ合ううちに僕はベッドの上で奈々ちゃんを押し倒す格好になっていた。

キスをしそうな距離で見つめ合い、不思議な空気が流れる。「チューしそうだね」と彼女は言って微笑んだ。

僕は苦笑した。理性と性欲の狭間で戸惑った。頭の片隅に拒絶した時の和月ちゃんの顔が浮かんでいた。それが心にブレーキをかけていた。しかし、彼女は僕にキスをした。

僕は驚いて目を見開いた。今までに見たことのない奈々ちゃんの顔は魅力的だった。こんな気持ち初めてだった。

「自分、奈々ちゃんのこと好きだったよ」

「え？」

今度は僕からキスをした。そして、僕たちはゆっくりと時間をかけて触れ合った。

あの日の胸の鼓動、あの肌の温かさ、あの時に感じた指先の感覚。全てが夢のように優しかった。好きな人に触れるってこんなにも素晴らしいのだと知った。本当に好きな人とするセックスってばかにできない。

僕たちは夢中で求め合った。やがて差し込む朝日を感じながら眠らずに。

そして朝になり彼女が疲れ切って眠った。僕はロビーへ出てさまざまなことを考えた。

世界で一番幸せな時間を終えた先は現実だろう。僕は一生分の幸せを生きたのではないだろうか、この先の未来はどうなるのだろうか。傷つく前に身を引くか、先の見えない未来へ向かうか、僕に二つの選択肢が迫られた。

もしかしたらあの時、身を引いていたら僕の未来は全く違うものになっていたかもしれない。僕が選んだのは先の見えない未来だった。どの選択をしても奈々ちゃんが僕の元を離れることは知っていた。どこかの未来で僕は立ち直れないくらいの傷を負うことも覚悟していた。

それでもあの時の僕には何もなかった。休みの日は一人で過ごし、アパートと職場の往復だった。その上、職場では嫌われ、孤立していた。彼女には夜勤や入院の担当で大変だと自慢をしていた。しかし実際は夜勤を外され、日々悪口を言われていた。あの時の僕にとっては何もない日常に戻ることの方が怖かった。

そして僕は彼女と定期的に会うようになった。会うたびに僕たちは求め合った。旅行にもたくさん行った。箱根や山梨、長野、栃木、関西など。この一年半は今までの人生で一番充実していた。

彼女の家に泊まる時は決まって、いつもの喫茶店へ行き、夕方には行きつけの焼き肉屋さんに行った。帰りは近くのスーパーでフルーツを買い、寝る前に一緒に食べた。行くところは決まっていたのに毎回幸せだった。

ずっとこの町で暮らせたらいいのに、と僕は心の奥底から願った。男に生まれ変わるよりも強く彼女と新潟で暮らすことを願った。

「いつかは一緒に暮らそう」

僕たちはお互いに約束をした。僕は一年後に新潟へ行こうと決めた。

異性の人とするセックスと同性同士のセックスは行為そのものも異なるが、感性もまた違う。同性同士のセックスには一つになることの喜びや快楽は得られない。その虚しさを避けることはできない。それでも好きな人と共に禁断の世界に足を踏み入れていく高揚感は異性とのセックスにはない。それは今までにない脳の快楽だ。

ただ、セックスは本当に好きであれば異性であろうが、同性であろうが必ずその心は満たされる。


僕たちの幸せな生活は一年間続いた。そして、僕らに二度目の夏がやってきた。しかし、その日々の中に不安の陰が現れ始めていた。

仕事終わりに僕は彼女と電話をしていた。その中で何気なく彼女から元彼の話を聞いた。

「ぶっちゃけ元彼とはどこまでしたの？」

僕はずっと気になっていたことを尋ねてみた。

「キスまでしかしてない」

「そうなんだ」

覚悟はしたとは言え、聞くには辛かった。

「別れてからは同窓会で会うけど話してないよ。もともとは友達だったから仲良かったんだけど。私、小学校から中学まで元彼のこと好きだったんだ」

彼女は懐かしむように言っていた。

僕はその言葉に胸騒ぎがした。次の同窓会で彼女と彼が会うことが怖かった。もし話してしまったら彼女は元彼を好きになるような気がした。

「夏の同窓会行くの？」

「行くよ」

「元彼もいる？」

「いるけど話さないよ」

僕の胸騒ぎはおさまるわけがなかった。話さないなんて保証はどこにもないのだから。

そんな僕の不安をよそに彼女は中学の同級生と飲み会に行った。なぜか、その夏だけはとても心配だった。何とも言えない直感だ。

奈々ちゃんは飲み会の直後は詳しく言わなかったが、夏の終わりにこうつぶやいた。

「友達が昔みたいにみんなで仲良く話したいって言って、同窓会の口に元彼と話したんだ。なんかその時、あんまり男の人と話すことなかったからドキッとしたんだ。すごく大人になってた。私ね、もし、あの時別れなかったら彼と幸せになれたんじゃないかって思ったんだ」

彼女は正直に話してくれた。

僕の中に眠っていた嫉妬が目覚めてしまった。同時に、冬までが限界なのではないかと思った。次に元彼と会うのは冬の同窓会だ。

セックスで彼女は愛情ではなく快楽を求め始めた。彼女が僕に飽きてしまったら次に快楽を求める先は男だろう。だから僕は精一杯それに応えた。彼女を喜ばせられるなら何でもした。

ホテルの鏡で僕は全裸の姿を見て、女であることを痛感させられた。奈々ちゃんの目には僕は女として映っているのかな？

奈々ちゃんが快楽を求めるセックスをするようになってからは不安を感じる日々が続いた。そして同時に嫉妬が僕の心を蝕んだ。

喧嘩の増えた秋、また嫌な直感が働いた。デートの予定を空けられないと言われたのだ。いつもはそんなことなかった。妙な胸騒ぎに恐怖を感じた。

彼女がテレビを見ていたある日、彼女の携帯が目の前に置かれた。僕の理性は崩壊寸前だった。

「ねえ、この間撮った写真のデータ見てもいい？」

「いいよ」

僕は彼女の携帯を手に取り、メール画面のボタンを押す寸前だった。

「フォルダーってこれ？」

「うん。その中に入ってるよ」

しかし理性が勝り、僕は手を止めた。今までの僕は、人の携帯を見る人に対して他人事だった。自分はそんなことしない。そう思っていた。携帯を見る人を非難したことだってある。

「あった？」

「あ、うん」

その時に奈々ちゃんの友達からメールが届いた。待ち受け画面に文章の一部が載っていた。

「十一日、男友達二人誘った」とまで出ていた。十一日は奈々ちゃんに遊びの提案をした日だ。僕は目を疑った。もう理性だけで自制することはできなかった。

そして僕はついに彼女の携帯のメールを見てしまった。手を動かすたびに高鳴る心臓の鼓動。メール画面を開いた時、僕は彼女と友達の会話を夢中で読んでいた。

その好奇心はすぐに後悔と罪悪感に変わった。

彼女は彼女の友達と知らない男性二人で旅行へ行く約束をしていた。

目の前が真っ暗になった。人の携帯を見た事実もこのメールの内容も本当に現実なのだろうか。

僕は車の中の忘れ物を取りに行くふりをして彼女のアパートを出た。そして空を見上げた。星一つない夜空。胸の鼓動が聞こえた。「助けて」思わずつぶやいた。

その晩、僕たちはちょっとしたことでとんでもない喧嘩をした。ようやく仲直りをしたが、もう長くは続かないと思った。

翌日、僕たちはいつものショッピングモールへ出かけた。

展示品のピアノで彼女が『美女と野獣』を弾いてくれた。高校生までピアノを習っていたらしくとても上手だった。

素敵な音色にたくさんの人が集まった。ピアノを弾く彼女の横顔に僕は釘付けになった。あの時、涙が出るくらいに彼女のことが欲しかった。

「にゃんたん（僕のあだ名）、この曲好きでしょ？」

「うん、好きだよ」

「良かった」

照れ笑いを浮かべる彼女が愛らしかった。

「あ、トイレ行ってきていい？」

「うん、分かった。私、あそこのお店見てるね」

僕はそう言って走った。そしてトイレを通り過ぎ、階段を駆け下りた。一階に着くと、アクセサリー屋さんへ向かった。

僕たちは何度かその店に行ったことがあった。「ペアリングが欲しい」と僕たちは言い、喧嘩をする昨日まで探していた。お互いに気に入るものがなかなか見つからなかった。特に彼女に関しては難しかった。それがたった一度だけ、ミッキーとミニーのペアのネックレスを見た時に本当に「かわいい」と言ってその場を離れようとしなかった。予算オーバーな上、僕がネックレスに抵抗を持っていたこともあり、結局買わなかった。

「いらっしゃいませ」

愛想の良さそうな店員が来た。僕は迷わずに、店に入って数秒でミッキーとミニーのネックレスを指さして言った。

「これ、ください」

「あ、こちらですね」

「はい」

僕は息を切らしていた。店員は挨拶をする間もないままガラスケースの扉を開けた。もしかしたら店員は男だか女だか分からない僕を見て誰に送るのか疑問に思っただろう。そんなことあまり深く聞かれることはなかった。

「お幸せに」

包みを受け取る時にそう言った店員のその言葉が印象に残った。この先の僕たちに幸せはあるのだろうか、と。それでも幸せを願わずにはいられない。

「ありがとうございます」

貯金がほとんどなくなった。お金よりも大切な願い、僕は踵を返して彼女の元へ向かった。

「あ、おかえり」

戻ると、彼女はそう言って微笑んでくれた。

「ただいま……。そろそろ行こう」

十六時、群馬に帰る時間だった。僕らにとって少し切ない時間だ。

「――うん」

駐車場まで、寂しさのあまりお互いに黙っていた。

「奈々ちゃん」

「ん？　なあに？　にゃんたん」

「結婚しよう」

僕は彼女をまっすぐ見ながらネックレスの包みを渡した。

「……にゃんたん」

彼女はその包みを開けると泣いた。その涙の意味が喜びだけでないのは分かっていた。

「いいよ」

彼女は僕の手を握った。

その時に、彼女の口角が僅かに歪んでいるのを僕は見逃さなかった。初めて見る顔だった。まるで戸惑いの色を隠すような、そんな笑顔だった。僕は彼女を幸せにできているのだろうか？

次のデートはサプライズでディズニーシーに連れて行こうと思った。

彼女には群馬の家でのんびり過ごそうと提案した。

しかし、そのサプライズも電話のちょっとした言い合いの中で僕が別れることを引き留めるために言ってしまった。彼女は喜んだ。それで仲直り。最近の僕たちはちょっとしたことでもとても不安定だった。

十一月のデートはディズニーシーに行った。彼女と僕はおそろいのミッキーとミニーのネックレスをつけた。ペアのアクセサリーは初めてだった。

ずっと乗ることを拒んでいたセンター・オブ・ジ・アースに乗った。彼女は楽しそうだった。僕は嫌いな絶叫系に少し疲れたが、今は彼女を喜ばせたかった。ディズニーへ行くのはもう最後な気がした。その日、僕たちは幸せに包まれていた。園内の夜は本当にきれいだ。彼女はディズニーシーの夜景が大好きだといつも言っていた。

泊まるところは初めて体を重ねたホテルだった。どんなに疲れていても二人の時間を大切にした。もし魔法使いがいるなら僕はばかみたいに本気で願うだろう。彼女と結婚がしたい、と。

あのネックレスのおかげで僕らに冬がきた。十二月の旅行はみなとみらいを選んだ。デートの前日の夜に彼女は僕のアパートに来てくれた。

寝る前、僕たちはいつものように求め合った。暗闇で見つめる彼女の笑顔は昼間とは違う小悪魔のように映った。

体で感じる人の温度はどんなに年を重ねても飽きることはないのだろう。それは肌よりも、ずっと深い心に届きそうな温度だった。

女性同士のセックスは終わりの境界が曖昧だった。だから異性とするよりも求め合う時間は遙かに長い。

僕たちは疲れ切っていつの間にか眠っていた。

この日は快晴だった。僕たちは、原宿へ行って話題のパンケーキを食べてから、横浜に向かった。地下鉄でみなとみらい駅に着く時、とても特別な気持ちになる。洗練された雰囲気に包まれる。電車を降りると、まるで別世界へ誘われるような気持ちになった。

外は夕方だった。電車を降り、ランドマークタワーへ向かった。そこの客室に荷物を置くと、赤レンガ倉庫に向かった。

そこではクリスマスマーケットが開催されていて、より一層クリスマス感が漂っていた。中央に立つクリスマスツリーがとても輝いていた。考えたくはないが万が一、彼女を失った時は神奈川に行こう、そう思った。

「きれい」

「うん、夢みたいだね」

「にゃんたんといる時はいつも夢の世界みたいだよ」

彼女はそう言って僕に微笑んでくれた。優しい笑顔だった。

「ありがとう」

赤レンガ倉庫を後にすると、高級ホテルでディナーをとった。そこから観覧車をバックに写真を撮ってくれた。この時の写真は僕だけが笑っていた。

ディナーを終えると駅内を散策した。クリスマスソングやイルミネーション、特別な時間だった。そしてランドマークタワー内で『美女と野獣』のメロディーが流れた。僕は思わず足を止めた。

「にゃんたんの好きな曲だね」

「うん、すぐ分かったよ」

「私も好きだよ」

彼女の笑顔とミニーのネックレスが目に焼き付いた。喧嘩をした秋を思い出す。

僕にとって今がきっと一番幸せなのだと思いながら駅構内のクリスマスツリーを見上げた。ディズニーのキャラクターたちがツリーに飾られている。

今が幸せなはずなのに、初めてみなとみらいへ来た時まで戻りたくなった。僕は目を閉じて心の中で時間を巻き戻した。

誰のものでもない僕たちもいつかは誰かのものになってしまう。できるなら、この時間を止めたい。誰のものにもならない僕たちのまま、ずっと生きたい。しかし、彼女はそれを望まないだろう。

たった一年半前の世界なのに随分と僕たちは変わってしまった。

宿泊したホテルは部屋から横浜の夜景が一望できた。

「空を飛んでいるみたい」

彼女ははしゃぎながら笑っていた。本当に素敵なホテルだった。特別な世界で過ごす夜はまったりとテレビを見たり夜景を楽しんだりした。薄暗いライトの部屋がまるで遠い夢の世界にさえ思える。

そして僕は彼女の肌の温もりの中で夢を見た。とても不思議でリアルな夢だった。それは僕の記憶に強く焼き付いた。

朝日の強い光で目覚めた。僕はもう一度目を閉じて、背中に感じる彼女の温度を大切にした。胸の鼓動が聞こえる。僕たちは確かにここにいる。

それが最後のデートだった。


それから一週間後だった。彼女に朝送ったメールの返信がなかった。電話もつながらない。いつもは必ずメールも電話もつながる。僕は抑えられない胸騒ぎに携帯から手が離せなかった。そしてじっと彼女から連絡が来るのを待った。

直感が危険信号を発していた。彼女はきっと今頃、元彼と会っているのではないだろうか、と。

先週とは対照的に地獄のような夜だった。

僕はその日、彼女のいない世界を想像した。それを一言で言うのなら闇以上の無だった。職場と家の往復の日々、あまりにも退屈で虚しい時間の繰り返し。

もう僕に次の恋は見えなかった。仮にあると信じたくても、限りなく低い可能性だろう。なぜなら人は性に惹かれるのだから。

終わりの時が近づいている。夜、眠ることが怖かった。明日になってしまうと彼女がいない世界が来るかもしれない。

だから、一晩中テレビをつけていた。なるべく明るくなるような番組にした。お笑いやバラエティの番組を見ながら寂しさを紛らわせた。

眠ってはいけないと自分に言い聞かせた。それでも気が付くと意識は遠のいていた。テレビの音だけが記憶に残っている。

朝が来た。僅かな休息から目覚める朝は辛い。心の重さで現実を思い出す。今にも押し潰されそうだった。絶望した人の朝とはこんな気持ちなのかもしれない。メールを見ても彼女からの返信はなかった。抜け殻状態で僕は職場へ向かった。

その日のお昼頃、ようやく彼女から「おはよう」と連絡が来た。ただそれだけのことなのに泣くほど嬉しかった。

その夜、彼女から電話が来て安堵した。電話越しに聞こえる彼女の声はなぜか上機嫌だった。それが違和感として残った。それでも彼女とつながっていたかった。

時々思う。僕は彼女の幸せを邪魔しているのではないか、と。僕は彼女にすがって本当に情けない人間だった。

最近は夢の中でも泣いている。奈々ちゃんと付き合い始めた一時はほとんどなくなっていた。しかし今は違う。

夢の中の僕は暗闇の中にいる。そこから明るい地上を歩む奈々ちゃんがいる。僕は違う世界にいて、遠くにいる彼女が振り返るのをずっと待っていた。彼女は夢の中で他の人を想っていた。視線で分かる。僕は何かを言おうとしても声が出なかった。

片思いをしていた学生の日々の記憶が夢の中に現れる。胸が苦しかった。遠い背中、そこに行きたいのに行くことができない。いつもそうだった。本当は側にいたいのに。

「奈々ちゃん」

胸の苦しさを抱えたまま目覚めた。四時だった。不安になった。僕は奈々ちゃんのいない世界を生きることができるのだろうか。「いつかは……」と、覚悟したことなのに僕は願っていた。奪わないで、と。とても孤独な朝だった。

最近はその繰り返しだ。泣きたくてももう泣く余力もなかった。

僕はどこで間違えたのだろう？　もしかしたら幼少の頃からだろうか？　初恋の時だろうか？　それとも、生まれる前だろうか？

ただ、奈々ちゃんと一緒にいたいだけなのに。この世には逆らえない運命もある。

毎日、不安と無気力で覆われた体に鞭を打ち、職場へ出かけた。とても憂鬱だった。こんな状態でも僕の思考はプライドを優先させていた。本当は分かっている。職場から逃げたところで、今の僕に行くところはないのだ。だから苦しくても進むしかない。

そして数日後の雨の日、クリスマスの直前だった。僕は彼女の家へいつものように行った。しかし、彼女の様子は何だか変だった。ボーとしてはため息を漏らしていた。僕じゃない誰かを想っているような気がした。

それでも僕は彼女といる幸せな時間を壊したくなくて目を反らした。いつもと同じデート。明日はちょっと早いクリスマスを二人で祝う予定だった。クリスマスケーキの予約をし、取りに行く予定だった。

「楽しみだね」

僕はウキウキしていた。この時、僕の思考は少し鈍感になっていたのかもしれない。

「そうだね」

彼女も笑っているように見えた。しかし、あの時の彼女の目は違った。いつもより輝きを失っていたのだ。

その夜、いつも以上に口数の少なかった彼女が突然に切り出した。

「別れたい」

「え？」

僕の胸に、鋭い槍が刺さったような衝撃だった。ずっと覚悟はしていた。覚悟していたのに、実際に言われると怖くなった。また同じ闇に戻りたくなかった。一人になりたくなかった。僕は泣きながら彼女にすがった。苦しい、とても。

「私、元彼とセックスしたの。私ね、結婚して子どもが欲しい。普通の幸せが欲しいの」

そう言うと彼女は泣いた。

男性に対して、完全な敗北を味わい、現実の残酷さに僕は愕然とした。僕は泣き崩れる彼女を置き、大好きだった彼女のアパートを後にした。

もう苦しさは感じない。

しかし、恵子として生きることはできなかった。


彼女のアパートの駐車場。そこに成希が現れた。とても久しぶりだった。

「なんだ、そこにいたの？」

「……今までどこにいたの？」

「ずっと側にいたよ」

「そう」

「残るんだろ？　俺も一緒に残る。奈々と結婚する」

彼は恵子にそう言って最高の笑顔を向けた。そして光の中に消えた。

暗い雨の中、ハルが生まれた。もう少しだけ、希望を探すことにした。思い出したのはみなとみらいの景色。何だか、神奈川へ行きたくなった。


僕は旅立つ前にもう一度振り返った。恵子が立っている。僕を見送っているのだろう。たとえ自分に取り残されたとしても、もう恵子は前に進むことを望んでいないのだ。だから僕は恵子に言った。

「幸せにね」

恵子は頷いた。微笑んでいる。奈々ちゃんと生きた時間を幾度となく生き続けるのだろう。その横に奈々ちゃんが幻となって現れた。

「ばかだね。今までのは全部夢だよ。私はずっと側にいるよ」

恵子が一番求めていた言葉だった。恵子が僕に向かって言った。

「さよなら」

「さよなら」


僕の最後の空想の世界だった。

そして僕は未来へ、恵子は過去へそれぞれ向かった。

十三、ハル

彼女と別れてから僕は家族に初めてカミングアウトをした。もう一人では抱えきれない問題だと分かったからだ。両親は何も言わなかった。そして姉たちは薄々気付いていたらしく受け入れようとしてくれた。

あれから僕は奈々ちゃんの元彼のことを何日も考えていた。

彼は奈々ちゃんと別れて五年の間、たくさん泣いたのかな。たまに会う時、どんな気持ちだったかな。そして、ようやく奈々ちゃんが戻ってきた時、どんなに嬉しかっただろう。彼のことを考えると、たとえ魔法使いが現れたとしても奈々ちゃんを取り戻すことはできなかった。

奈々ちゃんと別れてからの一年間は酷かった。毎日が無気力状態だった。あまりの喪失感に生きる意欲を失っていた。

そんな僕を不憫に思い姉は僕に亜希さんという人を紹介してくれた。

亜希さんの第一印象は明るくて頭の良さそうな人。亜希さんは同性愛者だった。

僕は亜希さんを通して同性愛者の世界を知った。亜希さんは掲示板で同性愛者と出会う方法や新宿二丁目の話をしてくれた。

あの時、亜希さんには恋人がいた。亜希さんの恋人はゲイのカップルの方と偽装結婚をしているそうだ。

偽装結婚とはゲイの男性と婚姻をすることだ。しかし、ゲイの男性とは一緒には暮らさずにお互いのパートナーと暮らすためにしたのだと言う。お正月やお盆には夫婦のふりをしてお互いの家には顔を出すそうだ。つまりお互いの両親には同性愛者であることは伏せて生きているのだ。

亜希さんは恋人の覚悟に信頼と安心感を抱いているようだった。恋人の話をする亜希さんは幸せそうだった。とても。

僕も亜希さんに教えてもらった掲示板で恋人を募集することにした。そして何人かの人たちと知り合うことができた。

しかし、彼女たちと連絡を取るうちに価値観の僅かなズレを感じた。同性愛者の人たちの身なりは体の性別に一致しており、自らの性別に対する嫌悪感など抱いていないのだ。その上で好きになる人は女性らしさのある人だということが分かった。そのことに気付いた途端に同性愛者の世界に興味がなくなった。

僕はその頃にビデオで『三年B組金八先生』を見た。上戸彩が演じるキャラクターから性同一性障害という言葉が広まり始めた。言葉は何となく知っていたが、自分は違うと思いたかった。今回、僕は自分自身と向き合うつもりでそれを見た。上戸彩の境遇に「似てるな」と正直に思った。

それから性同一性障害についてむさぼるように勉強をした。調べれば調べるほど僕に当てはまることが多かった。彼らの治療法は体を心の性別に合わせることだった。

新しい世界への挑戦に生きる力が湧いた。もしも手術を受ければ戸籍は男性に変えられるだけでなく、女性とだって結婚ができるのだ。初めて見える希望だった。

雲を摑むような昔の夢がかなうかもしれない。そして、ようやくこの地獄から抜け出せるような気がした。僕の向かうべき道が分かった。

早速僕は、確信を得るために群馬中の病院を受診した。あの当時、性同一性障害という診断は難しく、専門医を探すことに苦労した。群馬が駄目なら、東京にも出向いた。そこで、ようやく見つけたのが新宿のクリニックだった。

初めてカウンセリングを受けた時は僕の想像と違うことに驚いた。僕のカウンセリングの目的は確信を得るための診断だった。

しかし、僕の通っていたクリニックでは僕が性同一性障害であることを前提として話が進められた。通院は三週間に一回、ほんの五分ほどの時間の中で自分史を元に話を進めていくやり方だった。気が遠くなりそうだった。カウンセリングが終わるまでに二年以上の時間がかかってしまった。

この選択によって僕の人生が大きく変わることは分かっていた。ホルモンバランスが崩れることはどんなに辛いか知っている。

仕事はどうなるのだろうか、幾度とない疑問や不安が沸いた。

そんな中、僕はYouTubeで性同一性障害の清水展人さんと出会った。彼は既に手術を済ませ、男性の戸籍を取り結婚までしていた。まさに僕の理想の生き方であり、彼は僕の希望になった。

そして僕は手術に向けて本格的に進もうと決めることができた。

二〇一五年三月、僕は神奈川県へ引っ越した。

「ハル君」

気が付くと職場ではそう言われていた。

名の変更は二名の医師が性同一性障害の診断をすれば可能である。僕は性同一性障害の診断を受けて半年後に「恵子」から「ハル」へ名を変更した。

手続きは裁判所で行われ、郵便で変更可能かどうかの通知がくる。

「ハル」へと名の変更が認められた時は本当に嬉しかった。正直、性別の変更よりも名の変更の方が嬉しかった。

僕は、小さい頃から「恵子」という名前が嫌いだった。響きも漢字も明らかに「私は女です」

と言っているような名前だった。もっと中性的な名前であったならどんなに良かっただろうかと何万回も考えた。両親には申し訳なかったが、この名前を付けられたことに対してとても恨んだ。

名前が法律で変更となり、病棟のネームプレートや名札、パソコンの名前が変わった時に、ようやく「ハル」になったのだと実感が持てた。名前に対する悩みから解放され、僕の心の負担は変わった。

名前の変化は、自分の人生や性格にも影響を与える。それが響きによるものなのか視覚による影響なのか、自分自身なのか周りが影響したのかも全く分からない。

「ハルさん」

「ハルさんマスク外してよ」

その響きに僕は振り返った。僕の働く病院では十代の患者も多い。若い女の子がそう言って僕の元に集まる時、嬉しかった。

病棟の先輩が僕を男だと言って彼女たちに紹介してくれた。十代の女の子たちは素直に受け入れて僕をからかった。そこで過ごした日々のことは看護師人生の中で一番楽しかった。

手術を受けるまでの間、僕は藤沢市の病院で働いていた。そこの病院で僕が出会ったのは日向ちゃんだった。彼女は僕と同時に入職し、出会った当初は男だった。

日向ちゃんと出会った時の名前は明君。明君と初めて会った時、僕は同じ種類の人間だとすぐに分かった。

当初の明君の見た目は長身で骨張った骨格だった。普通にモテそうなルックスだった。しかし、どこか雰囲気に独特のものを感じた。

明君の服装はメンズものでも中性的だった。そして控えめな仕草、内股な歩き方、髪質は気にしているようで艶々していた。

性に対する戸惑いが中途半端に見え隠れしているところが僕にとても似ていた。

僕は明君に出会って数日目で全てをカミングアウトした。

すると明君は、「自分も男と付き合ってたよ。でも奥さんも子どももいる人だった。別れてから環境も全部変えたくてこの病院に来たんだ」と話してくれた。

似たような境遇で同じタイミングに出会った明君と僕はすぐに親近感を覚えた。

明君は僕の手術の決意を聞いて同じ生き方をしてみたいと言ってくれた。そして僕らは共に手術に向けての準備を始めた。

僕が神奈川の病院でカミングアウトをしたのは入職して一年後だった。理由はカウンセリングが終了し正式に性同一性障害と診断されたからだ。それに伴い、今後ホルモン注射を始めていくことになる。

病棟会の時に僕は本当のことを話した。ドキドキした。しかし、みんなとても温かかった。

その日から病棟のスタッフは僕のことを男として扱ってくれた。

「男なの？　女なの？」

患者さんからよく聞かれる。職場の人は僕を男だと言ってくれるようになった。

やがてホルモン注射が始まった。

最初に訪れた体の変化が生理だった。開始後、すぐに生理は止まった。

僕は嬉しくて、それを同じ職場の先輩に話していた。先輩はいつもクールだった。

「良かったじゃん」

先輩はそう言っていつも温かく僕らの成長を見守ってくれた。僕が生きていく中で、差別的な問題があれば自分のことのように怒ってくれた。この本の出版もその先輩が僕の背中を押してくれたからできたのだ。

徐々に僕の声は低くなり、肌が荒れてきた。遅れてきた思春期のようだった。僕の気持ちはかなり焦っていた。早く年相応になりたかった。もう僕はいい年なのだから。

とにかくニキビには悩まされた。肌はどんどん荒れ、首にまでニキビは広がった。僕は念入りにスキンケアをするようになった。

一方で日向ちゃんは肌がきめ細かくなっていった。髭脱毛に通い、髪も伸ばし始めていた。

僕たちは互いの変化を目の当たりにしては思ったことを話していた。あの時、僕は目の前のことで精一杯だったが、幸せだったのかもしれない。本音で話せる友達もできた。

日向ちゃんはホルモン治療を開始して一カ月で髪を結んで来た。伸ばしている前髪を三つ編みにし、斜めにピンで留めていた。正直、出来栄えはイマイチだったかもしれない。

しかし、僕は女性として生きようとする覚悟を決めたのだと思った。それは本当に勇気のいる行動なのだ。

「日向ちゃん髪はそうやってまとめると傷むよ」

「え？」

「こうやるんだよ」

看護助手の先輩が明るい声で日向ちゃんにアドバイスをしていた。

「あ、おはよう。かわいいじゃん」

「日向ちゃん、髪伸びたね。私はその髪型いいと思うよ」

周りはとても自然に接していた。

職場の雰囲気は良かった。日向ちゃんの変化に何も言わない人もいれば、「かわいいじゃん」とさりげなく褒める人たちばかりだった。僕はそんな職場のスタッフが好きだった。

スタッフ内で日向ちゃんの噂をする人はいなかった。

しかし日向ちゃんのことを知らない患者さんはそうはいかない。

僕がワゴンを押して廊下を歩いていた時だった。

「ちょっと看護師さん」

歩行器を使っていた四十代くらいの患者に手招きをされた。僕は作り笑顔で聞いた。

「どうしましたか?」

「ちょっとあの人、おねえなの?」

「え?」

「髪の毛まで結んでなんか気持ち悪いね。ああいう人って親の愛情不足が原因らしいよ」

その患者は悪びれもせずに言った。

「あの人は女性ですよ」

僕はそう言うのが精一杯だった。その患者は、僕の反応が想像と違ったようで他の人を探すためにどこかへ行ってしまった。

僕はその女性の背中を見ながら、日向ちゃんと会話をした昨日の夜を思い出した。


僕は仕事帰りに日向ちゃんと話しながら廊下を歩いた。

「肌きれいになったね」

僕は髭が目立たなくなってきた日向ちゃんの横顔を眺めながら言った。

「ありがとう、ハル君も注射してるからもっともっと変わるよ」

日向ちゃんはとても楽しそうに言っていた。しかし、一瞬だけ視線を落としてこうも言っていた。

「でもこのガタイはどうしようもないからすぐ男だってバレちゃうよ」

「そうだよね、自分も身長が低いことは変えられないんだよねぇ」

僕らは新しい世界への希望と変えられない現実を思って語り合った。

あの患者の言葉で僕は、心ない人の言葉は避けて通れないことだということを改めて知った。

日向ちゃんの耳に入ったのはそれから数日後だった。それを聞いてすぐに日向ちゃんは患者の病室へ入っていった。

僕はたまたまその部屋の前を通った時にその会話のやりとりを耳にした。僕は思わず立ち止まりその部屋をのぞき見た。

日向ちゃんの後ろ姿が見えた。がっしりとした骨格はやはり女性と言うには複雑だった。

「私は女です。親にはちゃんと愛されていましたし、根拠のないでたらめを言わないでくれませんか？」

僕の知っている日向ちゃんは冷静で思ったことも内側にとどめるタイプの人だった。

日向ちゃんは女性ホルモンの注射を始めてから性格が確かに変わっていた。

患者さんは俯いていた。

「ごめんなさいね。次から気を付けます」

「もうそんなこと言わないでください」

日向ちゃんがそう言い残し向きを変えた。僕は同時にその場を離れた。彼女がどんな顔をしているか想像できた。

彼女は正面から人の偏見や悪口を受け取り、そして自分の意見を堂々と言って闘っていた。僕は、差別的な言葉に対しては何も言わずに堪えるタイプだった。

電車に乗る時、母親と小学校低学年の子どもが隣に来た時だった。

「気持ち悪い」

「………」

「あの人、性同一性障害よ」

「何それ」

「オナベのことよ」

「気持ち悪いわね」

子どもはそんな母親の言葉に首をかしげていた。

時にこんな風に心ないことを言われることもある。その時は悔しいが僕は決して言い返さない。なぜなら、それと同じくらいに優しい人だっているのも事実だからだ。僕はそんな優しい人たちと共に生きたい。


僕は日向ちゃんの紹介でみっくんと会うことができた。みっくんは性同一性障害で、既に戸籍変更をした男性である。初めてみっくんに会った時、髭を生やしており元女性とは思えない雰囲気だった。みっくんは自信に満ちた言葉で、たくさんの話をしてくれた。女性の口説き方や現在の彼女のこと、仕事のことや生活環境のことなど。

「戸籍変更後の生活は甘いものじゃない。何かが大きく変わるわけではない。ただの現実だ」

彼はそう言っていた。今ならその意味が分かる。それでも彼の生活は生き生きとしている。

彼はセックスについてもこう話していた。

「ちんこがなくたって女は足を開く。それだけが気持ちいいわけじゃないから。大切なのは女がついてきたいと思う男になれるかどうかだろ」

みっくんはその辺の男性よりもずっと男らしかった。彼の内側から溢れる自信は、魅力的で、確かについていっても大丈夫だという安心感を持たせてくれる。

彼は来年には同棲している彼女と結婚をするらしい。彼女が望むなら子どもも考えているようだ。

僕は彼の人生がこれから先もずっと幸せであることを願っている。


日常の中で、小さな問題が起きた。更衣室のロッカーのことだった。ホルモン注射の影響で身体的な変化が起きると僕らも元のロッカーを使うわけにはいかなくなる。

日向ちゃんはトイレで着替えるようになった。その姿を見かねた他の病棟のスタッフが、師長経由で相談してくれたようだ。

僕と日向ちゃんは看護部長と面談をした。

それから間もなく僕らのロッカーは別室に設けられた。しかし、僕と日向ちゃんのロッカーが同じ部屋に設けられていた。僕たちは声を上げて笑った。

僕と日向ちゃんで新宿二丁目にも行った。自分探しの旅をし、たくさんの夢を語った。新宿の夜の世界は新鮮だった。土曜日になればその世界は一層盛り上がり、地下で朝まで踊りふけったこともある。

二丁目で出会ったＬＧＢＴの人たちは堂々と生きていた。彼らはそれを個性として誇りを持っているようにさえ見えた。

ホルモン治療は体だけでなく精神にも影響を与えた。日向ちゃんは明君の時と比べてピリピリするようになった。

一方で僕は感情的になることが減った。しかし、体が鋼のように重くなることがよくあった。強い倦怠感に丸一日布団から出ることすらできない日もある。不規則な生活に加えて、ホルモンの変化は僕の体を内側から蝕んでいた。

それでも僕はこの変化を素直に喜んだ。

ホルモン注射を始めてから僕は生まれて初めて男子トイレへ入った。僕は男に間違えられることが増えた。だから「大丈夫かもしれない」と思い男子トイレへ入った。ドキドキした。おじさんとすれ違い僕は俯く。しかし、おじさんが振り返ったり驚くことはなかった。

僕が入ったのは男子トイレの個室だった。立ちションはできないが、それでも嬉しかった。

ただ大変なのは男子トイレの洋式の数が限られていることだった。だから入るまで待つことも珍しくないのだ。僕はそれで何回か電車に乗り遅れている。急なトイレには少しだけ不便さも感じる。

僕には小学校時代からの親友がいた。理恵という天然の子だった。彼女にもこの年にカミングアウトをした。すると彼女は納得するように言った。

「お前がそうだったのは小学校の卒業式で分かったよ。普通、卒業式で男の服なんか着ないだろ」

そして彼女は笑いながらこうも言った。

「私も実は言うことあるんだ。実は私、人を好きになったことないんだ。私さ、姉がいるから将来も姉と生きたいんだよね。愛に近い感情だね。でも姉が結婚したら私は姉を許せないと思う。姉がいないと生きていけないいんだ」

そのことをさらっと言ってくれた。あの日、理恵は笑いながら泣いていた。

「結婚とか考えてないの？」

「そんなのもうとっくに諦めたわ」

「じゃあ……」

「私は姉とずっと一緒にいられればいいの」

正面を向く理恵のまなざしは力強かった。理恵の願いは僕の夢に似ていた。目指すところが分からなくても、とても強い願いに感じた。

思えば、理恵と初めて話した中学二年の時からずっと居心地が良くて仲良くしていた気がする。それは僕たちが似たもの同士だったからなのかもしれない。

普通、年頃の女子の会話は男の話やファッションの話などがメインになるはずだ。しかし、僕らはそんな話はしなかった。ただ下らない話に盛り上がり、ばかみたいに笑っていた記憶ばかりだ。

残念ながら理恵は海外へ行ってしまい、ほとんど会うこともなくなった。それでも離れた地で僕はいつか理恵の願いがかなうことを祈っている。

僕が出会った人はそれぞれの悩みや困難な状況でも生きていた。必死に生きる人ほど僕には魅力的に映った。

全能である神様がなぜ障害者までも創造したのか。それは彼らに神の御業を与えるためだと書いてある。

もしもこの言葉が真実であるなら、きっと彼らには彼らにしか見ることのできない景色が待っているのかもしれない。普通の人には決して見ることのできない景色が。

だから僕は全ての人に伝えたい。どんな状況の中でも生きていてほしい。そうすれば必ず、苦しみは過ぎ去るのだから。

次に僕が向かう道はもう決めている。

二〇一八年二月四日、僕はついにお金を貯めバンコクへ発った。

十四、最後に

僕が奈々と付き合っていた頃、最後にみなとみらいで過ごした日に見た夢だ。あまりにも素敵な夢だったから最後にここに残したい。夢の合間の曖昧なところは僕の空想になってしまっている。

十二月の中旬、顔ははっきりと覚えていないが、僕にはとても素敵な恋人がいた。そして今日、僕はその恋人へプロポーズをしようと決めていた。

隣で眠っている彼女に気付かれないように、婚約指輪と手紙をバッグに詰め込んだ。

寒くて暖房をつけると、彼女が薄目を開けて僕を見つめた。僕は視線が合った彼女に照れ臭さを悟らせないように、声のトーンを低くして言った。

「おはよう」

「おはよう」

彼女は眠そうに微笑んだ。

そして彼女は「寒い」とあどけない声を出して布団にくるまった。

僕はリビングのキッチンに立ち、昨日の残りのご飯を温めながら卵を割った。料理はあまり得意ではない。それでも彼女が「おいしいよ」と言って食べてくれるから、僕は頑張れる。

ご飯ができる頃に彼女はリビングに顔を出した。昨日作ったご飯の香りが部屋中に広がっていた。

「すごい、おいしそう」

彼女はそう言って微笑んだ。僕もつられて微笑む。

「食べたらデートに行こうね」

「うん。でも今日はどこ行くの？」

僕は時々、彼女に内緒でサプライズを仕掛ける。デートもほとんど僕が決めるため、ギリギリまで内緒にすることも珍しくない。

「お台場はどう？　クリスマスプレゼント探しに行こうよ」

「ほんと？　楽しそう」

笑うと猫みたいに目尻が下がる。僕はそんな彼女の笑顔が好きだった。

お台場までは電車で向かった。僕たちはゆりかもめに乗りながら窓の景色を眺めた。

お互いに口下手だったから会話は少なく無言でいることが多い。しかしそれが心地よかった。

自然と手をつなぎながらお台場海浜公園駅で降り、ぶらぶらと歩き、ヴィーナスフォートへ入った。中のクリスマス一色の雰囲気に僕らの距離もぐっと近くなるような気がした。

プレゼントを探すためあれこれ店に入るが、結局選べずカフェに入った。

僕は気まぐれを装った口調で提案した。

「ねえ、ディズニーランドへ行かない？」

「え？」

突然の提案に彼女は戸惑いの色を浮かべる。それでも僕はまっすぐに彼女の目を見つめた。彼女は少し考えて頷いた。

「うん、行きたい」

「じゃあ、行こう」

弾むような足取りで僕らはお台場を出た。彼女もウキウキした様子だった。

しかし、僕らが向かったのはなぜかあるホテルだった。

「なんでここで降りるの？」

彼女は何度も首をかしげていた。

「いいから、いいから」

冬の空は、あっという間に日が落ちる。時刻は夕方でももう外は真っ暗だった。

「どこへ行くの？」

「行けば分かるよ」

僕は少し意地悪っぽく言った。

エレベーターの中で僕らはひそひそ話してはクスクス笑っていた。エレベーターは屋上に着き、扉が開いた。

「え」


僕らはヘリコプターに乗っていた。

エンジン音や空の風、大空から見える景色。まさに宝石のようだった。彼女は目をキラキラさせて何度も「すごい」と言ってはしゃいでいた。

この景色は僕には特別だ。いつか、彼女ができた時にこのサプライズを贈ろうと決めていた。

「ご飯は本当にディズニーに行こうね」

「うん」

ヘリコプターが到着し僕たちはディズニーランドにいた。

ご飯を食べ終わるとちょうどエレクトリカルパレードの音楽が流れ始めた。

僕は、指輪を取り出した。そして彼女の前に回り込んだ。

「僕と結婚してください」

パレードの音楽が大きくなる。

「はい」

迷いのない返事だった。彼女は今までの中で一番いい笑顔を見せた。僕は彼女の手を取り、指輪をはめた。

僕らは無言で見つめ合っていた。表情で分かる。彼女も幸せなんだ、と。

パレードが目の前まで来た。僕たちはその世界で一番きれいな光を眺めた。


朝、彼女の枕元に手紙を置いた。過去の僕からのもう一つの贈り物だ。内容はもう覚えていない。それでもこれはプロポーズの翌日に贈るものと決めていたことだけははっきりと覚えている。

目覚めた彼女はどんな顔をするのだろうか、僕は期待を胸に彼女の寝顔をそっと見つめた。いったい、どんな夢を見ているのだろうか、それは彼女しか知らない。

朝日を眺めながらなぜかこんな歌詞がよぎった。「御国に着く朝、いよいよ高く、恵みの御神を讃えまつらん」アメイジング・グレイスの曲に合わせた賛美歌の歌詞だった。

この曲を思い出すたびに思い浮かべるのが、迫害を受けて亡くなったクリスチャンたちだった。

彼らはいったいどんな恐怖でどんな深い悲しみを背負ったのだろう。死と向かい合わせで生きることは想像するだけでもぞっとする。

苦悩の中で生きたクリスチャンの死後に見る朝。それはどんな朝なのだろう。

程度や状況は明らかに違うが、なぜか自分に重ねて思い浮かべていた。待ち焦がれた瞬間の朝、今、ようやく訪れようとしているんだね。長すぎて少し疲れてしまったよ。

カーテンの隙間からの朝日がとても眩しかった。

ここは遠い世界なのかな。とても心が安らぐ。

朝の光で目が覚めた。そこはランドマークタワーの寝室だった。目の前のカーテンが開きっぱなしだった。奈々の温もりを背中に感じる。久しぶりに幸せな夢を見た。

あの夢の中の人は奈々ではなかった。何だかリアルで忘れたくない夢だ。それはまるで新しい未来。そうだ、いつかこんなプロポーズをしよう。いつか必ず。それはきっと……。

僕は目を閉じて奈々の肌の温もりを忘れないように大切に感じた。とても大切に。

たどってきた軌跡

徐々に胸が目立ち始め
猫背になってきた

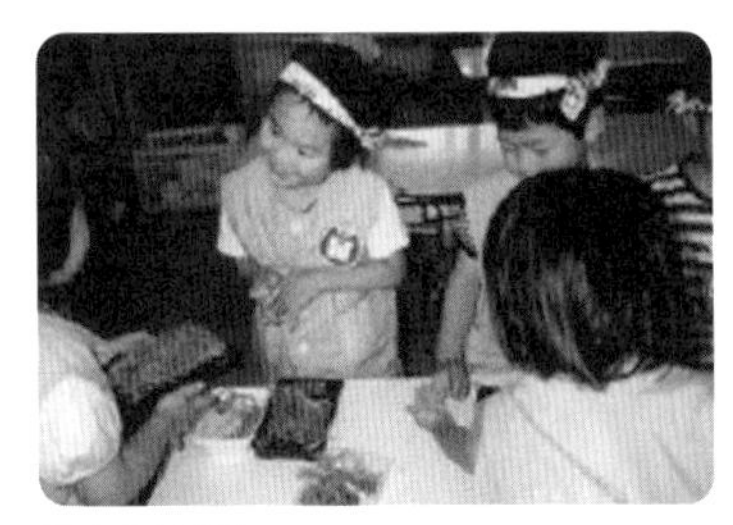

幼少期の頃

小学校最後の運動会
走る時だけは胸を張ることができた

お遊戯会でイヤイヤ着た衣装

小学校の卒業式
男性用の制服を着て出席

毎日好んで着ていた私服

20 歳の頃の画像。自分らしさを見つけ始めた頃

手術後に撮影。手術を担当した医師

初めて付き合った恋人（奈々）

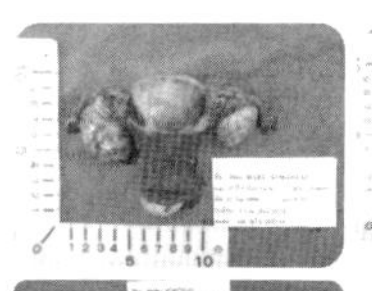

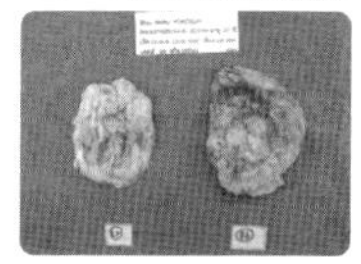

手術で摘出した臓器

神奈川へ来た時にできた仲間

現在の僕と恋人。12 月 21 日に撮影。とても幸せに生きています

〈著者紹介〉
横関ハル（よこせき はる）
1990年4月　新潟県柏崎市にて誕生
2014年8月　カウンセリング治療開始
2016年2月　性同一性障害と診断
2016年3月　ホルモン治療開始
2017年10月　名前変更
2018年2月　性転換術実施
2018年4月　戸籍変更

レインボー
～性同一性障害と共に生きて～

2021年10月11日　第1刷発行

著　者　横関ハル
発行人　久保田貴幸

発行元　株式会社 幻冬舎メディアコンサルティング
〒151-0051　東京都渋谷区千駄ヶ谷4-9-7
電話　03-5411-6440（編集）

発売元　株式会社 幻冬舎
〒151-0051　東京都渋谷区千駄ヶ谷4-9-7
電話　03-5411-6222（営業）

印刷・製本　シナジーコミュニケーションズ株式会社

装　丁　小関千陽

検印廃止

Printed in Japan
ISBN 978-4-344-93623-2　C0095
幻冬舎メディアコンサルティングHP
http://www.gentosha-mc.com/